Bibliothek
des Freizeitmalers

Hajo Düchting

Abenteuer Farbe

erleben – gestalten

Otto Maier Ravensburg

Titel in der Bibliothek des Freizeitmalers:

Blake, Grundkurs Aquarellmalerei
Blake, Landschaften in Aquarell
Blake, Farbe in der Aquarellmalerei
Blake, Grundkurs Ölmalerei
Blake, Landschaften in Öl
Blake, Grundkurs Zeichnen
Blake, Landschaften zeichnen
Blake, Aktzeichnen mit Bleistift, Kreide und Kohle
Blake, Porträtzeichnen mit Bleistift, Kreide und Kohle
Baessler, Grundkurs Federzeichnen
Baessler, Landschaften mit der Feder zeichnen
Düchting, Abenteuer Farbe
Kaiser, Blumen aquarellieren
Kaiser, Grundkurs Blumen malen
Kaiser, Malen und Zeichnen nach Fotos
Kaiser, Stilleben und Bildkomposition
Körner, Bäume und Sträucher in Aquarell und Tempera
Meilhamer, Grundkurs Farbiges Zeichnen
Meilhamer, Tiere zeichnen
Musch, Grundkurs Gouachemalerei
Rotgans, Räumliches Zeichnen
Rubins, Anatomie für Künstler
Salzmann, Grundkurs Pastellmalerei
Salzmann, Landschaften in Pastell

Bildnachweis

Seite 6: de Saint-Phalle, Seite 12, 40: Delaunay,
Seite 33, 72, 75: Matisse, Seite 37: Derain,
Seite 44: Mondrian, Seite 68: Monet,
© VG Bild-Kunst, Bonn, 1987

Seite 35, 43: Klee, Seite 73: Jawlensky
© 1987, Copyright by COSMOPRESS, Genf

Seite 39: Kirchner
Copyright by Dr. Wolfgang & Ingeborg Henze,
Campione d'Italia

Seite 54: Münter
Gabriele Münter-Stiftung, München

Seite 58: Cézanne
© Paris, Musée d'Orsay

Seite 64: Caspar David Friedrich, Riesengebirgslandschaft mit aufsteigendem Nebel, um 1820/21,
Öl auf Leinwand, 54,9 x 70,3 cm
© Neue Pinakothek, München

Originalausgabe

Umschlagbild: Birgit Schneider
Umschlaggestaltung: Ekkehard Drechsel
Satz: Fotosatz Ruderer, Grünkraut
Gesamtherstellung: Himmer, Augsburg
Printed in Germany

91 90 89 88 4 3 2 1

ISBN 3-473-48250-1

CIP-Titelaufnahme der Deutschen Bibliothek

Düchting, Hajo:
Abenteuer Farbe erleben - gestalten /
Hajo Düchting. - Orig.-Ausg. -
Ravensburg: Maier, 1988
(Bibliothek des Freizeitmalers)
ISBN 3-473-48250-1

Inhalt

Wer hat nicht schon einmal davon geträumt, die Grenzen unserer mit Regeln und Vorschriften asphaltierten Zivilisation wenigstens für kurze Zeit (zumal in unserer „freien“ Zeit) zu durchbrechen? Je mehr wir in einen hochtechnologisierten Alltag eingebunden werden, desto mehr erwacht in uns der Wunsch, ja sogar das Bedürfnis, „auszubrechen“ aus den fesselnden Normen, über den Zaun in die „Wildnis“ zu schauen, in unbekannte Gebiete vorzudringen, neue intensive, lebendige Erfahrungen zu machen.
Das aktuelle Freizeit- und Ferienangebot spricht auf diese immer deutlicher artikulierten Bedürfnisse sehr genau an. Ein Abenteuerurlaub, Abenteuerferien und -kurse versprechen kühne Abwechslung vom monotonen Alltagsleben. Bewußtseinsveränderung aber beginnt mit Kreativität. Dazu braucht man keine einsame Insel und keinen Unterricht im extremen Bergsteigen.
Der Maler beginnt sein persönliches Abenteuer auf der weißen Leinwand. Sie ist für ihn eine weiße Landkarte, deren unerforschte Gebiete erkundet und erfahren werden wollen. Das „Unbekannte in der Kunst“ (Baumeister) fesselt uns am meisten. Die mit dem Prozeß des Malens verbundene Selbsterfahrung, die innere Tore aufzustoßen vermag, bedeutet für uns den größten Gewinn. Aus ihr schöpfen wir neue Energie und neue Kraft zur Veränderung unseres Alltags, zur Umwandlung der „Freizeit“ in „Traumzeit“. In dieser Hinsicht soll das „Abenteuer Farbe“, von dem dieses Buch handelt, ein Angebot an unsere Sinne bedeuten, wieder ganz offen zu werden, sich auf-zumachen für die Erfahrungen und Erlebnisse des Malens. Wie ungeheuer aufregend und sinnlich ist es, einen Pinsel mit Farbe zu „laden“ und über eine weiße Fläche zu ziehen, das Auf und Ab der Spur zu verfolgen, das Absetzen und Sammeln der Farbe, das langsame Entstehen von aufeinander bezogenen Farben und Formen.
In der Malerei, im kreativen Umgang mit der Farbe und den anderen Bildmitteln haben wir noch die Chance, ganzheitliche Erfahrungen zu machen, mit allen Sinnen zu leben. Lassen Sie sich auf dieses Abenteuer ein! Farbe ist ein Wagnis, dem wir uns mit Körper, Seele und Geist aussetzen wollen. Dabei kann es nicht darum gehen zu lernen, wie man „richtiger“ malt oder welche „Regeln“ man bei der Farbe zu beachten hat. Sie lernen die Farbgesetze lediglich, um sie dann zunächst wieder zu „vergessen“, d. h. intuitiv im Malprozeß sich ihrer zu erinnern oder sogar gegen sie zu arbeiten. Wie alle erlernbaren Gesetzmäßigkeiten der bildenden Kunst bedeuten die Farbgesetze nur ein grundlegendes Abc. Wenn Sie aber im freien Umgang mit der Farbe das spannende Gebiet der Malerei betreten, werden Sie eine andere, abenteuerliche Wirklichkeit erleben.
Ein kleines Abenteuer war auch der Weg zu diesem Buch! Dazu gehörte nicht nur das Malen von Bildern und Schreiben von Texten, sondern auch die Koordination vieler verschiedener Quellen. Zuallererst möchte ich den Teilnehmern meiner Malschule im Gasteig herzlich für die begeisterte und bereitwillige Zusammenarbeit danken. Gerade in der offenen und herausfordernden Situation der Malschule konnte vieles erprobt und gefestigt werden, was in dieses Buch an Didaktik eingegangen ist. Den Studentinnen der Kunsterziehung, Katja Deinert und Birgit Schneider, danke ich ebenso herzlich für die hervorragende Bebilderung einiger wichtiger Kapitel. An dieser Stelle geht auch mein Dank an Maler und Freunde für die Genehmigung zur Abbildung ihrer Arbeiten. Für die hilfreiche Unterstützung bei den photographischen Arbeiten bin ich Matthias Gaidosch sehr verbunden.
So ist, wie wir alle hoffen, aus den vielen Erfahrungsbereichen ein Ganzes geworden, das Ihnen Freude und Erfahrung bringen soll, um „aufzutauchen an einem anderen Ort“ (Franz Marc).

Hajo Düchting, München im Juni 1988

Rupprecht Geiger, Gerundetes Rot auf Gelb, 1965 Öl auf Leinwand, Privatbesitz.
Der rote Kreis des Münchner Malers Rupprecht Geiger soll als Signalzeichen den Weg zur Farbe eröffnen. Die Ausstrahlung und Energie der farbigen Modulationen nur einer Farbe zeigt uns, was aus der Farbe heraus an Kraft und Spannung entstehen kann.

Farbe scheint uns im Alltagsleben schon fast eine Selbstverständlichkeit. Wir sind es gewohnt, von farbigen Reizen und Signalen gelockt und geleitet zu werden. Die Welt erscheint uns farbig, vom einfachsten Gebrauchsgegenstand bis zum faszinierenden Sonnenuntergang, und erst recht in der Vermittlung durch Medien und Werbung.
Genaugenommen ist „Farbe“ jedoch ein komplexer Begriff, der sehr verschiedene Dinge meinen kann. Ein auffallend bunt gestreifter Fisch im Aquarium spricht unseren optischen Sinn an, ebenso wie vielleicht neue Modefarben und Autolackierungen. Farbe ist hier als allgemeine optische Erscheinung zu verstehen, die uns täglich in vielen neuen Situationen gegenübertritt.
Den „Frühjahrsputz“ besprechen wir meist zusammen mit einem Malermeister, der viel von der Farbe als farbgebender Substanz, der Anstrichfarbe und ihrer Verarbeitung sowie der Kombination der Farben im Wohnraum versteht. Das harmonische Zusammenstimmen der Farben ist wichtig für unser Wohlbefinden, denn Farben haben, wie die Farbpsychologen wissen, eine ganz bestimmte Wirkung auf den menschlichen Organismus. Vom Physiker können wir erfahren, daß die unterschiedliche Absorption und Reflexion des Lichts durch die Farbsubstanzen auf uns wirkt, uns entweder anregt und belebt oder ruhig stimmt und besänftigt. Fachärzte schwören sogar auf eine Farbentherapie mit farbigem Licht, um Heilprozesse zu fördern. Die farbige Unkultur unserer Umwelt wie auch das graue Einerlei mancher Städte könnten allerdings eher Architekten, Städteplaner, Farbdesigner und nicht zuletzt Künstler ändern.
Vom malenden Künstler erwarten wir die größten Kenntnisse auf dem Gebiet, das uns in diesem Buch besonders interessieren soll, der Farbe in der Malerei. Wenn dieser Künstler sich in Maltechnik auskennt, kann er uns auch die chemische Zusammensetzung der Malfarben und Bindemittel sowie ihre verschiedenen Mischungsmöglichkeiten erklären, besser und verständlicher vielleicht als der mit der Erfindung neuer Malsubstanzen betraute Farbenchemiker.
Doch das wird den Anfänger zunächst nur am Rande interessieren. Am liebsten wollen wir gleich anfangen zu malen, ohne die Farben erst anrühren zu müssen. Aber jetzt beginnen erst so richtig die Probleme mit der scheinbar so einfach zu beantwortenden Frage „Was ist Farbe?“ Bei unseren ersten Malversuchen malen wir noch unbekümmert darauf los und freuen uns an zufällig entstandenen Farbwirkungen. Bei genauerem Hinschauen und überlegterem Tun stoßen wir aber auf immer neue Schwierigkeiten. Warum mischt sich diese Farbe so schwer mit einer anderen? Warum geben diese Farben eine schmutzige Wirkung im Bild? Wie kann ich die Farben sanft abstufen oder dramatisch steigern? Oft lassen solche Fragen den Anfänger hilflos zurück. Über die Wirkung der Farben im Bild, die vielfältigen Probleme der Farbmischung, der Farbkomposition und des Bildaufbaus mit Farbe überhaupt lernen wir nur im täglichen Umgang mit der Farbe. Nach dem Studium der wenigen, aber wichtigen Gesetzmäßigkeiten der Farbe werden wir zu mehr Sicherheit und Aussagekraft beim Malen unserer eigenen Bilder gelangen, wie auch unseren Farbensinn und unser Urteilsvermögen bei der Betrachtung der Maler aus Vergangenheit und Gegenwart stärken.

◁ Tanzende Negernana 1965-66, Polyester, von Niki de St. Phalle, Helene Stangl, München.
Erst die farbige Bemalung gibt der schlichten Figur ihre aufreizende, signalhafte Wirkung.

△ Ein wunderschön gemusterter Kaiser-Fisch soll als Beispiel für die vielfältige Farbgebung der Natur dienen.
Photo: Studio Engelmayr

◁ Das Bild des Malateliers ist bestimmt durch viele Gläser mit Pigmenten und Bindemitteln. Wer sich einmal in die „Chemie der Farbe“ vertieft hat, versteht die oft geheimnisvoll anmutende Farbwirkung besser.
Photo: Anne Rech

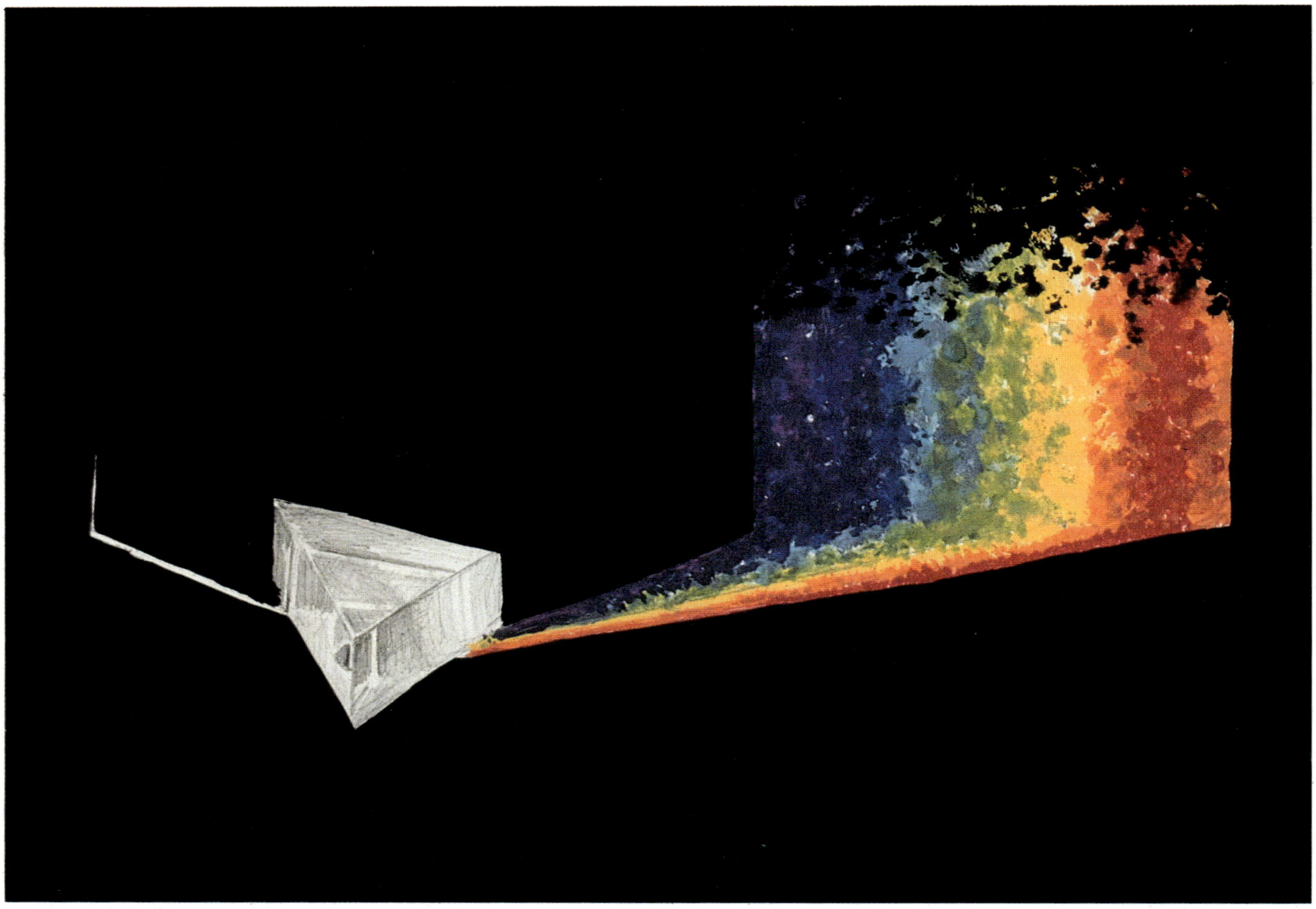

Ein durch eine Schlitzblende gebündelter Lichtstrahl wird durch ein Prisma geleitet und fällt als vielfarbiges Spektrum an die Wand. Beobachten wir uns umgebende Gegenstände durch ein Prisma, sehen wir an den Kanten ebenfalls farbige Spektren. Goethe ging in seiner Farbenlehre (1810) von solchen „subjektiven" Versuchen aus, um Newton zu widerlegen und die Farbe als „sinnlich-sittliches" Phänomen zu bestimmen. Eine moderne Farbenlehre wird die physikalischen Tatsachen nicht leugnen wollen, sondern versucht sie in Einklang mit den Bedürfnissen der Praxis zu bringen.

Heute wissen wir, daß Licht und Farbe untrennbar verbunden sind. Ohne Licht ist die Welt farblos. Dem englischen Mathematiker und Naturforscher Isaac Newton (1643–1727) gelang es zum ersten Mal, Licht mit Hilfe eines Prismas in seine farbigen Bestandteile zu zerlegen. Das Spektrum (vom engl. spectre = Erscheinung, Gespenst) zeigt den für uns sichtbaren Strahlungsbereich des Lichts in einer Folge von leuchtenden Spektralfarben. Wird das Spektrum durch eine Sammellinse wieder gebündelt, so erscheint das vertraute „weiße" Licht. In der Natur können wir zahlreiche Erscheinungen entdecken, die auf der Brechung des Lichts beruhen: farbige Seifenblasen, Farbringe um Öllachen, der blaue Tageshimmel, das blaugrüne Wasser des Meeres. Die faszinierendste und bekannteste Lichtbrechung ist aber der Regenbogen. Durch Brechung paralleler Lichtstrahlen in den Regentropfen bildet sich das weithin sichtbare Spektrum, das den Menschen zu allen Zeiten ein Symbol der Hoffnung war. Alle diese Naturerscheinungen sind Wirkungen der Spektralfarben, der im Licht verborgenen und durch Brechung sichtbar werdenden Farben.
Wenn wir aber von Farben sprechen, meinen wir meistens die Farbigkeit von Gegenständen. Diese „Körperfarben" (rote Tomate, gelbe Banane, grünes Blatt) entstehen durch das unterschiedliche Verhalten der Stoffe im Licht, das von dem betreffenden Material mehr oder weniger absorbiert bzw. von ihm reflektiert wird. Das absorbierte Licht wird in Wärme verwandelt, das reflektierte Licht einer bestimmten Wellenlänge wird von uns als Farbe wahrgenommen. Auch unsere Malfarben senden entsprechend ihrer molekularen Zusammensetzung bestimmte Lichtwellen aus, die wir als Rot, Gelb, Blau, Grün oder Violett wahrnehmen. Bei sich änderndem Tageslicht verändern sich auch die Farben der Gegenstände. Ihre Farbe ist demnach keine feste physikalische Eigenschaft, sondern abhängig von der Intensität und Art der Beleuchtung. Diese eigentlich ständig wechselnden Licht- und Farbverhältnisse wollten die Impressionisten malen.

▷ *Ehrentraud Rössler (nach einem Motiv von T. Ungerer)*

Was aber ist nun Farbe? Das Wissen um den Zusammenhang von Licht und Farbe erklärt noch nicht unsere Sinnesempfindung von Farbe. Farbe ist ja keine objektiv erfaßbare Erscheinung der Außenwelt, sondern im Grund ein ganz subjektives Phänomen, das sich in unserem Innern einstellt.
Eine bestimmte Lichtmenge der uns sichtbaren Wellenlänge fällt in unser Auge, wird von der Iris reguliert und von der Linse gebündelt. Dieser gebündelte Lichtstrahl trifft auf die hintere Wandung des Auges, die mit einem dichten Geflecht hochsensibler, lichtempfindlicher Nervenzellen ausgekleidet ist, der Netzhaut oder Retina. Auf die Netzhaut wird ein umgekehrtes, stark verkleinertes Abbild der fixierten Außensituation projiziert. Damit ist aber der Sehvorgang nicht beendet! Die vom Lichteinfall angeregten, in der Netzhaut eingebetteten Nervenzellen (Stäbchen für Hell-Dunkel-Sehen, Zapfen für farbiges Sehen) leiten die Nervenimpulse über den Sehnerv weiter zum Sehzentrum des Gehirns. Hier entsteht erst das vom Auge erfaßte Bild der Wahrnehmungssituation, wobei sämtliche anderen Sinnesempfindungen (riechen, schmecken, fühlen), aber auch soziale Muster und Lernstrukturen zusammenspielen.

Für das Farbensehen verantwortlich nimmt man drei Rezeptoren an, die für Blau, Grün und Rot empfindlich sind und das Licht, nach einer Umwandlung in Signale für Blau-Gelb, Grün-Rot und Schwarz-Weiß, ins Sehzentrum weiterleiten.
Farbe ist also eine Sinnesempfindung, die sich eigentlich erst im Innern des Organismus bildet, wohl ausgelöst durch physikalische Reize (von Gegenständen reflektiertes Licht), aber erst im komplizierten Prozeß der Wahrnehmung sichtbar und erkennbar.

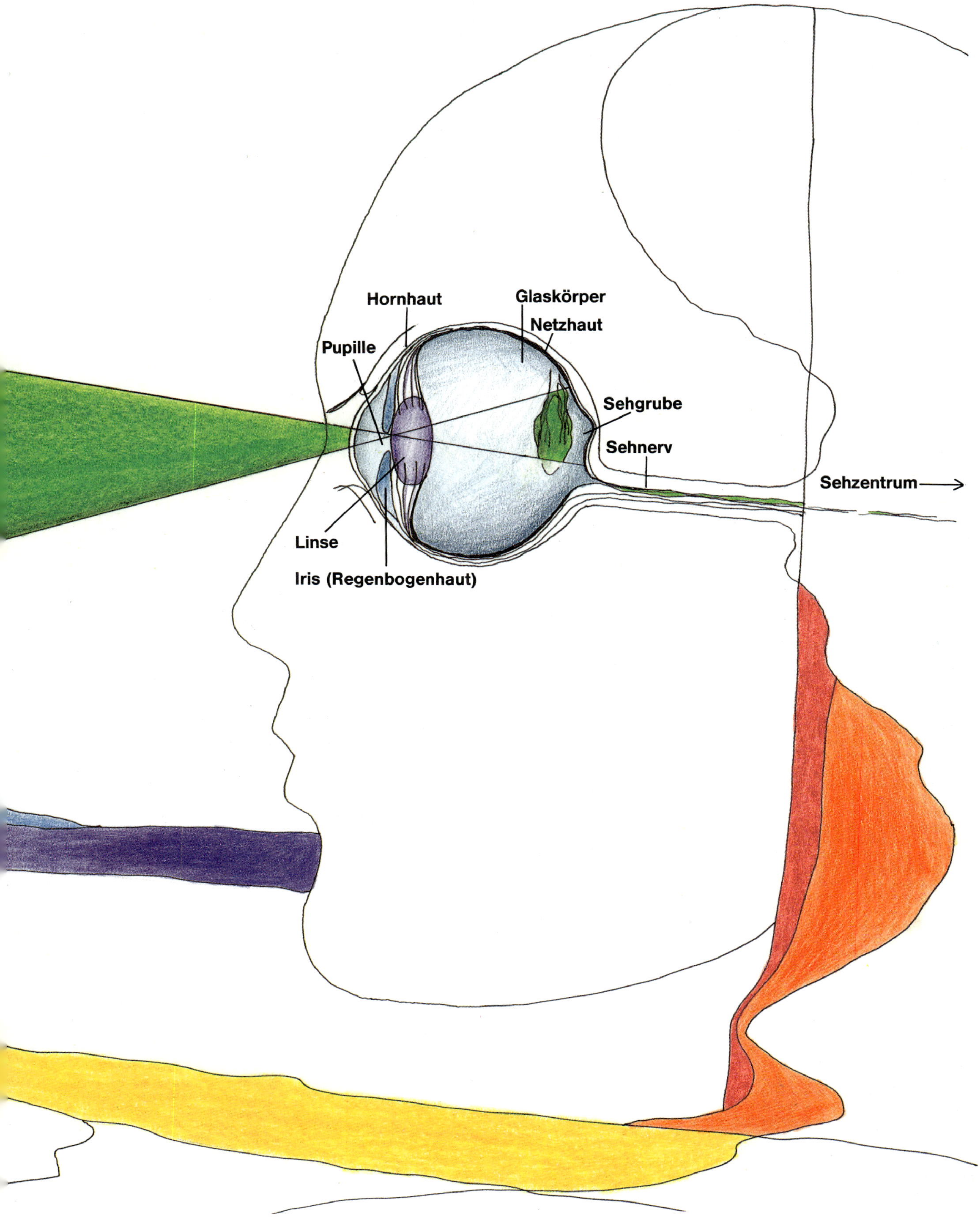
Hornhaut
Glaskörper
Netzhaut
Pupille
Sehgrube
Sehnerv
Sehzentrum
Linse
Iris (Regenbogenhaut)

Wir wissen nun, daß „Farbe“ ein sehr komplexes Erlebnis ist. Genauso differenziert reagieren wir auf die verschiedenen Farbreize. Warme Farben regen uns an, kalte dämpfen oder beruhigen uns. Den Ergebnissen solcher Forschungen der Farbpsychologie begegnen wir im Bereich der Innenarchitektur, des Design und vor allem der Werbung. H. Frieling hat den Versuch unternommen, Farben bestimmten Gefühlsbereichen zuzuordnen, z. B. für Freude helle, leuchtende Farben wie Orange, Rot, helles Grün, helles Blau und leuchtendes Gelb; für Angst dagegen graue Farben und für Zorn ein kräftiges Rot.
Aber auch die Liebe ist rot, sagt der Volksmund! Eine einheitliche Regelung für solche Farbzuordnungen wird man schwer aufstellen können, und doch richten wir uns - unbewußt - nach solchen Empfindungen. Welches Gefühl vermittelt Ihnen das Bild (links oben) von Robert Delaunay (1885-1940), dem französischen Maler, der als einer der ersten Künstler nur mit der „reinen Farbe“ seine Bilder gestaltete?
Auch ohne den Titel „Lebensfreude“ (1930, Öl auf Leinwand, 200 x 228 cm, Musée d'Art Moderne, Paris, CNACGP), lassen wir uns von den warmen, leuchtenden Farben und der heiteren Stimmung des Bildes einnehmen. Das in einem Malkurs nachempfundene Bild beweist die Ausdrucksstärke der Farben und die Anziehungskraft bestimmter Farbkombinationen. Achten Sie einmal genauer auf die Wirkung von Farben in Bildern und in Situationen Ihres täglichen Lebens!

Bereits in der Antike wurden den Farben auch magische Kräfte zugeschrieben. Den drei damals angenommenen Grundfarben Weiß, Gelb und Schwarz ordnete Aristoteles die Elemente Feuer, Wasser, Luft und Erde zu. Luft und Wasser seien ihrer Natur nach weiß, das Feuer und die Sonne gelb, die Erde schwarz.
Aus vergangener Zeit stammt auch die Temperamentenlehre mit der folgenden Farbenzuordnung:

Choleriker - Gelb/Rot
Melancholiker - Blau/Schwarz
Phlegmatiker - Grün
Sanguiniker - Rot

Goethe widmete der sinnlich-sittlichen Wirkung von Farben ein ganzes Kapitel und stellte die Hauptfarben wichtigen menschlichen Eigenschaften gegenüber:

Grün für Sinnlichkeit
Gelb für Vernunft
Blau für Verstand
Purpur (Goethes wichtigste Farbe) für Phantasie.

Nach Frieling gibt es vier Elementarfarben mit symbolischer und tiefenpsychologischer Zuordnung:

Rot - das archetypisch Väterliche; Ursprung, makrokosmische Herkunft, höheres Schicksal, geistig belebendes Prinzip.

Gelb - archetypisch das kommunikative, verbindliche Prinzip. Gelb deutet auf Expansion und Umfassen.

Grün - das archetypisch Weibliche im Sinne des Beharrens, Begrenzens; Symbol des tragenden Wasserelementes, das nach Bewegung immer wieder in sich zurückkehrt.

Blau - archetypisch weiblich im Sinne des Empfangens, aber zugleich männlich im Sinne des Empfangens des Geistigen.

Was Sie auch immer von solchen „magischen“ Kräften der Farben halten mögen, machen Sie einmal Ihren ganz persönlichen Farbtest, indem Sie je zwei der nebenstehenden Farben auswählen. Den „Charakter“ der gewählten Farben erfahren Sie auf S. 79!

Hajo Düchting, ohne Titel, 1981, Gouachefarben auf Papier, 42 x 55,5 cm.
Nach dem Studium von Delaunays Malerei interessierten mich die Beziehungen zwischen Farbe und Musik besonders. Dieses Beispiel wurde zwar nicht direkt nach Musik gemalt, baut sich aber nach einem „inneren" Rhythmus auf, der den Pinselschwung bestimmt. In seiner leichten, farbigen Wirkung, dem unterschiedlichen Pinselduktus und dem rhythmischen Setzen der Farbflecken ist dieses Bild (für mich) durchaus einem Musikerlebnis vergleichbar.

Seit der Romantik beschäftigen sich Maler mit den Beziehungen zwischen Musik und Malerei. In einem ganz allgemeinen Sinne sprach Delacroix von der „Musik der Farben". Damit meinte er die rätselhafte, suggestive Wirkung der Farben, der wir vor manchen Bildern ausgesetzt sind, ohne genau zu wissen, warum. Die abstrakte Malerei sah in der Musik ein beispielhaftes Vorbild für die Freiheit künstlerischer Gestaltung.
Wassily Kandinsky (1866–1944) dachte, wie schon Goethe vor ihm, über einen „Generalbaß der Malerei" nach, eine verbindliche Grundregel für die bildnerische Arbeit. Bereits 1911/12 malte Kandinsky ein abstraktes Bild, in dem freie Farben und Formen zusammenspielen, ähnlich einem musikalischen Stück. Mit seinen Untersuchungen zu den Beziehungen von Farbe, Form und Klang, erschienen in seinem berühmten Buch „Über das Geistige in der Kunst" (1912), wollte Kandinsky die abstrakte Formen- und Farbensprache als Grundlage für eine neue Malerei erforschen, die dem Menschen einen „geistigen, klingenden Kosmos" eröffnet.
Trotz intensiver wissenschaftlicher Forschung kann man allerdings keine objektiv erkennbare Gleichung zwischen Farbton und musikalischem Ton aufstellen. Mit den auch heute noch vorzufindenden Analogien zwischen Farbe und Musik will man eher auf die freie, vom Gegenstand losgelöste Gestaltung der Farbe sowie auf die vielfältigen Möglichkeiten von Rhythmus und Dynamik der Farben hinweisen.
Versuchen Sie einmal selbst, nach Musik zu malen, indem Sie genau auf einzelne Instrumente oder Klänge achten und diese farbig umsetzen, egal in welcher Technik und zu welcher Musik!

Ernst Wilhelm Nay, Satztechnik II, 1955, Öl auf Leinwand, 125 x 200 cm, Privatbesitz.

Man muß musikalische Eindrücke nicht unbedingt in freie, farbige Gesten übertragen. Paul Klee und Robert Delaunay verstanden zum Beispiel ihre abstrakten Bilder als „farbige Fugen", um neben der Freiheit des Malens auch die Gesetzmäßigkeit der Farbkomposition zu bezeichnen.

Nach 1945 knüpften vor allem einige deutsche Maler an die empfundene Analogie von Farben und Klängen an, wie sie Kandinsky als neue, elementare Möglichkeit der Malerei begründet hatte.

In Auseinandersetzung mit Kandinskys Klangtheorie und auch Delaunays Malerei schuf E. W. Nay (1902–1968) seine sogenannten „Scheibenbilder", in denen er eine bildnerische Grundform, eben die Farb-Scheibe, für seine Farbenkomposition fand. An dieser Form kann Nay alle wichtigen bildnerischen Gesetze der Farbbewegungen aufzeigen. Aus einer musikalisch nachempfundenen „Satztechnik" entwickelt Nay für jedes Bild einen charakteristischen Farbensatz.

Eine ausführliche Dokumentation zu Malern, die sich bis heute mit dem Problem Farbe-Musik beschäftigen, finden Sie übrigens in dem Katalogbuch „Vom Klang der Bilder" (hrsg. von Karin v. Maur).

Bevor wir uns nun die Spielregeln der Farbe erarbeiten wollen, lassen wir uns noch einmal von dem sinnlichen Reiz des Farbmaterials „verführen". Erleben Sie die Farbe, ohne darauf zu achten, was „herauskommt". Lassen Sie die Farbe laufen und fließen, verstreichen Sie die Farbe mit verschiedenen Pinseln, der Malerrolle, der Schuhbürste, mit den Fingern!
Spüren Sie den Atem, die Sinnlichkeit der Farbe, die uns immer wieder anspricht! Malen Sie ganze Blätter voll Farbe und bearbeiten Sie die Malflächen mit irgendwelchen Instrumenten weiter! Malen Sie weiter auf dem Blatt, Schicht um Schicht! Es schadet nichts, wenn Sie das Blatt „verderben". Hier soll es nur um den direkten, ungehemmten Umgang mit der Farbe gehen. Nehmen Sie alle Ihnen zur Verfügung stehenden Farben! Dann wählen Sie eine aus und vermalen nur diese eine auf einem Blatt in vielen verschiedenen Nuancen. Sie werden sehen, daß auch eine einzige Farbe von großer Ausstrahlung sein kann.

Hajo Düchting, ohne Titel, 1987, Dispersion auf Papier, 80 x 43 cm.
Solche Blätter entstehen weniger durch Zufall, wie man voreilig meinen könnte, sondern im Gegenteil durch intensive Bearbeitung des Materials, wobei große Konzentration erforderlich ist, um die Farben dorthin zu „steuern", wo sie dann das gewünschte (oder überraschende) Ergebnis zeigen. Gute, selbst abstrakte informelle Malerei ist nie „zufällig" oder „beliebig", sondern unterliegt ganz dem gezielten Einsatz der Bildmittel, die der Maler beherrschen muß.

Sie sehen, wieviel Spaß allein das unabsichtliche Spiel mit der Farbe macht! Das haben auch einige Maler bemerkt, die ihre Bilder scheinbar regellos mit Farben bedecken und bearbeiten. Bei näherem Hinsehen werden Sie aber auch in diesen „informellen" (= formlosen) Bildern bestimmte Grundstrukturen entdecken. Immer wieder wird es Maler geben, die sich ganz der Farbe, ihrer elementaren Wirkung verschreiben, ohne nach rational verankerten Regeln zu fragen. Schließlich sind die Gesetze der Farbe dazu da, in jedem Bild neu hinterfragt und auf die Probe gestellt zu werden. Nur so können Sie die Kraft der Farbe spüren und zu einem ganz persönlichen Ausdruck in der Malerei gelangen.

Winfred Gaul, Marrakesch, Nr. 2-82, 1982, PVA/Cotton, 168 x 204 cm, Privatbesitz.
Mit einer elementaren Malerei aus der Farbe setzt sich seit langem Winfred Gaul (geb. 1928) auseinander. In diesem Bild nimmt die große rote Fläche, flankiert von den beiden blauen Seitenstreifen, die Wahrnehmung in Beschlag. Das Pulsieren der roten Fläche, die elementare Wucht der Farbe werden erzielt durch konzentrierten Einsatz der Farbe in mehreren Schichten. Die strenge, sehr bewußt gesetzte Einfachheit der Komposition verstärkt die Strahlkraft der Farben.

1. Der Farbton: Er beschreibt nur die Buntheit einer Farbe, also Blau im Unterschied zu Rot, Grün gegen Orange usw., wenn es sich um eindeutig bestimmbare Farbarten handelt. Leider haben wir nur wenige und dazu noch unzulängliche Farbbezeichnungen für die Vielfalt der uns erscheinenden Farbenwelt. Behelfen können wir uns lediglich mit Umschreibungen und Assoziationen, wie z. B. Flaschengrün oder Ziegelrot. Auch die Herstellerbezeichnungen der Malfarben sind leider untereinander nicht immer identisch mit dem betreffenden Farbton. Am sichersten gehen Sie mit der Bezeichnung der Farbsubstanz, die Sie aus Fachbüchern oder Farbtabellen im Fachhandel ersehen können (z. B. Ultramarinblau im Unterschied zum hellen Kobaltblau).

Schärfen Sie Ihren Farbensinn durch genaue Beschreibung der Farben in den Bildern, die Sie in einem Museum ungestört betrachten können!

Tragen Sie alle Farben aus Ihrem Malkasten oder dem Ihnen zur Verfügung stehenden Sortiment auf ein Blatt Papier auf und bezeichnen Sie daneben jeden Farbton mit den (für Sie) wichtigsten Farbnamen!

2. Die Helligkeit: Je nach Mischung mit Schwarz und Weiß erhalten wir verschieden hell oder dunkel abgestimmte Farbtöne. Die weiß oder schwarz abgemischten Farben kann man mit einer Tonwertskala aus Graustufen gut vergleichen, um den Grad der Helligkeit bzw. Dunkelheit (oder auch den Tonwert) zu erkennen.
Photographieren Sie einmal ein farbiges Bild in schwarzweiß, und malen Sie nach der Aufnahme ein Bild nur in grauen Tonwerten.
Mit Farben gleicher Helligkeit lassen sich sehr harmonische und „stimmige" Bilder malen (sehen Sie sich daraufhin die Stilleben Giorgio Morandis einmal an!).

3. Die Intensität: Sie bedeutet die Reinheit der Farbe, ihren Grad der Sättigung mit Farbpigmenten. Ein reines Blau erscheint uns intensiver, „blauer" als ein mit Weiß oder einer anderen Farbe abgemischtes Blau.
Machen Sie Versuche mit Farbreihen einer Farbe (eines Farbtons), die Sie immer weiter mit Weiß und Schwarz oder anderen Farben mischen, und vergleichen Sie die Intensität der ausgemischten Farbtöne mit der Ausgangsfarbe.

Diese drei wichtigen Begriffe müssen wir uns merken, wenn wir uns über Farben im Bild verständigen wollen.

Malen beginnt mit dem Mischen von Farben! Ob Sie die Farben auf einer Palette mischen, auf einem ausgedienten Porzellanteller (oder alten Plastikteller), einem Glasbruchstück oder direkt auf der Leinwand: das Wie bleibt Ihnen überlassen, aber auf die Mischung kommt es letztendlich an! Damit Sie „Ihren" Farbton auf Anhieb erzielen, brauchen Sie schon einige Übung im Farbenmischen.

Machen Sie zunächst eine Reihe von Mischversuchen mit allen Farben in Ihrer Reichweite, und zwar auch auf verschiedenen Untergründen. Wählen Sie Papiere in verschiedener Stärke und Zusammensetzung, Kartons und Leinwandsorten, und vergleichen Sie die Farbmischungen. Auf den unterschiedlichen Malgründen sehen die gleichen Farbmischungen jeweils anders aus!

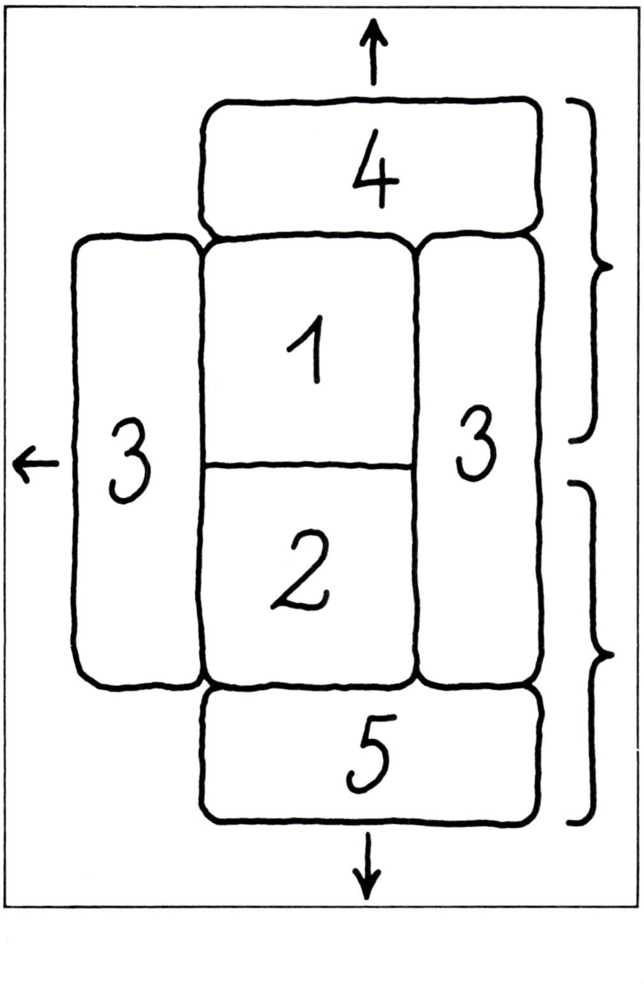

Nehmen Sie alle zur Verfügung stehenden Farbmittel und Techniken: Aquarell, Gouache, Ölfarbe, Buntstifte, Kreiden, farbige Tuschen usw.!
Wenn Sie über einige Geduld verfügen, machen Sie das Misch-Spiel! Aus je zwei beliebig ausgesuchten Farben mischen Sie eine neue und setzen daran wieder zwei neue Farbtupfen. Nun können Sie wie in einem Rösselsprung verfahren: Sie können die ausgemischte Farbe mit den zwei neuen Farben mischen; Sie können die ersten Ausgangsfarben mit den beiden neuen Farben mischen; Sie können die neuen Farben zu einem Mischton vermalen. Aus der Skizze ersehen Sie noch andere Möglichkeiten, um aus dem einfachen Mischen von Farben ein spannendes und ästhetisch reizvolles Spiel zu machen.

Bei den verschiedenen Mischübungen werden Sie erfahren haben, daß sich einige Farben nicht ermischen lassen, aber aus ihnen andere ermischt werden können.
Das sind die sogenannten Primär- oder Grundfarben, Blau, Gelb und Rot. Die aus ihnen gemischten Sekundärfarben sind Orange, Violett und Grün. Mischt man die Sekundärfarben weiter untereinander aus, erhält man die Tertiärfarben, die Braun- und Olivtöne.
Die Mischung der Primärfarben, also Blau, Gelb und Rot zusammen, ergibt aber ein schmutziges bis tiefdunkles Schwarz(braun). Diese Mischung unserer Malfarben nennt man subtraktive Mischung - subtraktiv, weil immer mehr Licht abgezogen wird (durch das Zufügen von Farben auf weißem Papiergrund) und dabei Dunkelheit entsteht.
Besonders gut können Sie diesen Vorgang in der Aquarellmalerei nachvollziehen: legen Sie über eine blaue Farbschicht eine dünne gelbe, so ergibt das Grün; legen Sie darüber noch eine rote Farbschicht, etwa in Kreuzform, so erhalten Sie an den Rändern Violett und Orange und in der Mitte einen dunkelgrauen Ton.
Nur am Rande soll uns die sogenannte additive Mischung von Farblichtern interessieren: wenn man farbiges Licht in Orangerot, Grün und Violettblau übereinander projiziert, erhält man Blaugrün (Cyan), Blaurot (Magenta) und Gelb. In der Mitte vereinen sich die Lichtkegel zu weißem Licht.
Die neo-impressionistischen Maler (Seurat, Signac) glaubten durch eine Reihung feiner Farbpunkte auf der Leinwand eine optische Mischung von größter Leuchtkraft zu erreichen. Das gelingt heute nur im industriellen Mehrfarbendruck, durch die genaue Rasterung der Farbpunkte und deren feinste Verteilung, die im Auge nicht mehr aufgelöst werden kann und zu Mischfarben verschmilzt.

Vielleicht sind Sie von den vielen Möglichkeiten, Farben zu mischen, verwirrt und spüren nun das Bedürfnis nach mehr Übersicht und Ordnung. Immer wieder versuchen Fachleute eine für alle Bereiche der Farbe verbindliche Farbordnung zu entwerfen und sind doch zu keinem allgemeingültigen Ergebnis gekommen. Eigentlich lassen sich die Farben in sehr vielen Ordnungsfiguren unterbringen, ganz nach Verständnis und Absicht des Malers.
Man kann von den Grundfarben ausgehen und dazu die Sekundärfarben stellen. Man kann nach den drei Dimensionen der Farbe ordnen, nach Farbton, Helligkeit und Intensität. Man kann die reinbunten und die unbunten Farben (Schwarz und Weiß sowie die Brauntöne) zusammenstellen, oder man kann nach Kontrastarten unterscheiden. Sie können sich vorstellen, wie schwierig es ist, wirklich alle Möglichkeiten der Farbwahrnehmung und Farbmischung zusammen in einem Modell unterzubringen. Bevor ich Ihnen einige bekannte Farbordnungen vorstelle, versuchen Sie einmal Ihre ganz persönliche Farbenpalette in ein Ordnungssystem einzubringen! Erfinden Sie phantasievolle Figuren! Sie können die geometrischen Grundfiguren nehmen (Kreis, Quadrat, Rechteck), aber auch – und das ist besonders reizvoll – organische Muster und assoziative Modelle (Blattformen, Wurzelwerk, Baumform, Spiralen, Mäander, Kaleidoskop, Kristall, Zellstruktur usw.).

Der Maler und Kunsttheoretiker Johannes Itten (1888–1967) hat den bis heute wohl bekanntesten Farbenkreis konstruiert.
In ein gleichseitiges Dreieck sind die drei Grundfarben eingesetzt. Um das Dreieck ist ein Kreis geschlagen, in den ein Sechseck konstruiert wird, das die Sekundärfarben trägt. In größerem Abstand zum ersten Kreis ist ein weiterer Kreis gezogen, der in 12 gleichabständige Segmente unterteilt ist. In diesen Kreisring sind die Primär- und Sekundärfarben eingetragen. Die restlichen Farben ergeben sich aus den ausgemischten Zwischenfarbtönen, also:

Gelb und Orange = Gelborange
Rot und Orange = Rotorange
Rot und Violett = Rotviolett
Blau und Violett = Blauviolett
Blau und Grün = Blaugrün
Gelb und Grün = Gelbgrün
So ist ein zwölfteiliger, gleichabständiger Farbkreis entstanden, in dem die wichtigsten reinbunten Farben ihren Platz gefunden haben. Die Komplementärkontraste (s. Kapitel S. 38-39) liegen sich auf dem Kreis diametral gegenüber.
Ein Nachteil des Itten-Farbkreises: die unbunten Farben, also die Brauntöne sowie Schwarz und Weiß, sind nicht berücksichtigt.

Der Maler Philipp Runge (1777–1810) hat mit seiner Farbkugel alle wichtigen Mischtöne der Farben in einem anschaulichen räumlichen Modell untergebracht. Auf dem Äquator liegen die bekannten 12 reinbunten Farben. Die beiden Pole der Kugel sind Weiß (oben) und Schwarz (unten). Auf der Kugelachse verläuft die Graustufenleiter; in der Kugelmitte befindet sich also ein neutrales Grau. Die reinbunten Farben sind nach oben und nach unten kontinuierlich aufgehellt bzw. abgedunkelt dargestellt. Auf diese Weise erhalten wir alle mit Schwarz und Weiß mischbaren Farbtonstufen, auch die Braun- und Olivtöne, die der Farbkreis nicht aufzeigen konnte. Im Kugelinnern müssen wir uns die komplementären Farben in ihren Ausmischungen zu Grauwerten vorstellen. Das Ordnungssystem der Farbkugel kann somit (zumindest theoretisch) alle bunten und unbunten Farben zusammenfassend darstellen.

Die abgebildete Kugel stammt aus der Farbenlehre von Johannes Itten (in Anlehnung an Runge).

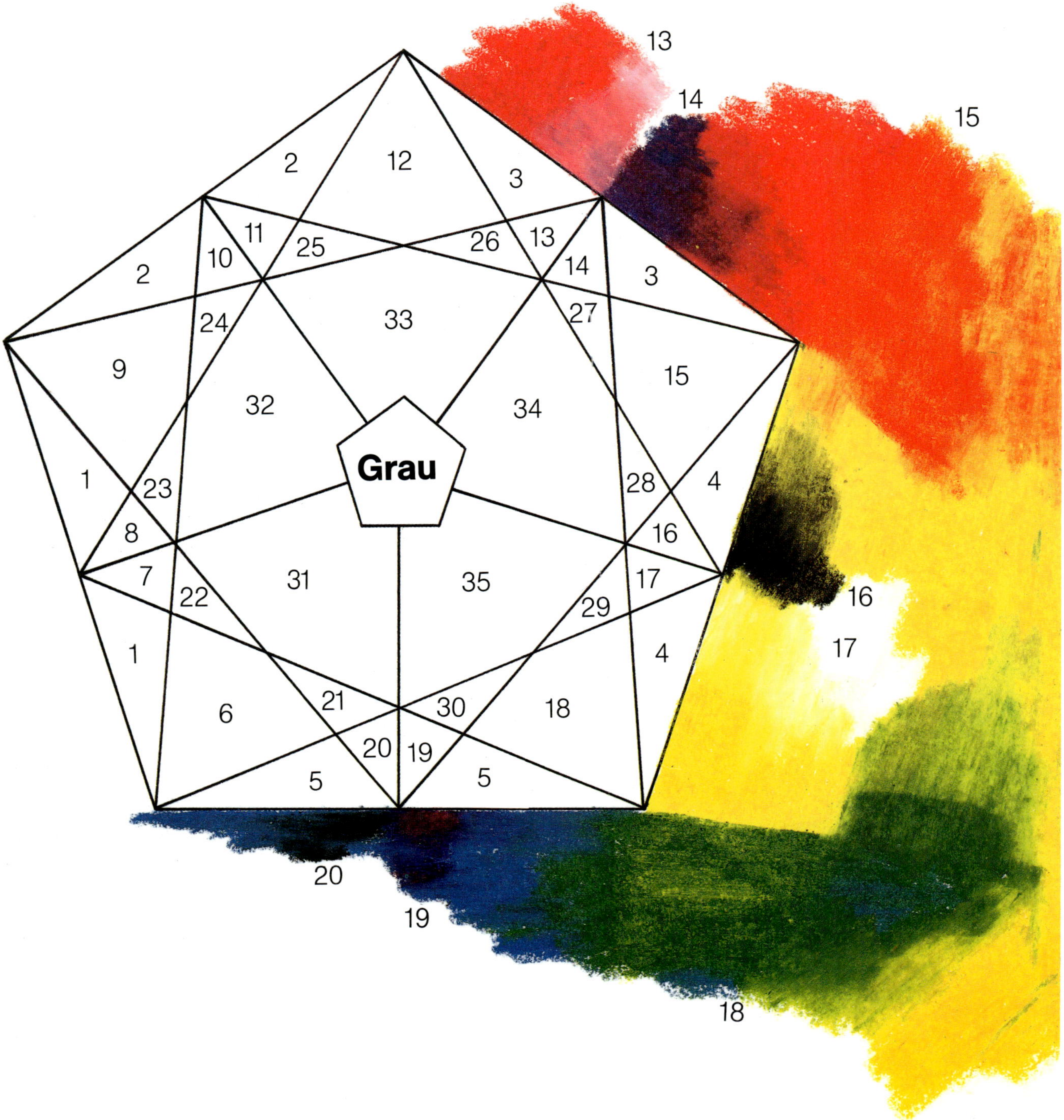

Mit der Farbenlehre hat sich Paul Klee (1879–1940) intensiv während seiner Lehrtätigkeit am Bauhaus befaßt. Aus seinen Untersuchungen interessiert uns vor allem der Elementarstern der farbigen Ebene, der die Schwarz- und Weißausmischungen der Farben in einem ästhetisch sehr reizvollen Gebilde aufzeigt. Die Tabelle zeigt die notwendigen Mischverhältnisse.

1 Weiß, 2 Schwarz, 3 Rot, 4 Gelb, 5 Blau; 6 Weiß Blau, 7 Weiß Gelb, 8 Weiß Rot, 9 Grau, 10 Schwarz Blau, 11 Schwarz Gelb, 12 Schwarz Rot, 13 Weiß Rot, 14 Violett, 15 Orange, 16 Schwarz Gelb, 17 Weiß Gelb, 18 Grün, 19 Violett, 20 Schwarz Blau; 21 Schwarz Blau Weiß, 22 Gelb Blau Weiß, 23 Weiß Schwarz Rot, 24 Schwarz Blau Weiß, 25 Rot Schwarz Gelb, 26 Weiß Schwarz Rot, 27 Schwarz Rot Blau, 28 Schwarz Rot Gelb, 29 Weiß Gelb Blau, 30 Rot Blau Gelb; 31 Schwarz Weiß Blau Gelb, 32 Schwarz Weiß Rot Blau, 33 Schwarz Weiß Gelb Rot, 34 Schwarz Rot Blau Gelb, 35 Weiß Rot Blau Gelb.

Hajo Düchting, Rondo – Installation im Kunstforum der Städtischen Galerie im Lenbachhaus München, 1981.
Der schwierige, siebeneckige Raum in der Unterführung Maximilianstraße/Altstadtring (größte Länge: 22 Meter, größte Breite: 15 Meter) wird seit 1977 für Künstler bereitgestellt, die abseits der gepflegten Galerieräume großformatige Arbeiten verwirklichen wollen.
Photo: Reinhold Hilgering

Die Möglichkeiten räumlicher Verknüpfung der Farben brachte mich auf die Idee eines Farbentanzes, einer quasi-musikalischen Abfolge von Leinwänden und Holztafeln in einem großen Raum. Auf den unregelmäßig geschnittenen Leinwänden spielt sich das Hauptthema ab, eine Modulation warmer Farbtöne in einem leicht geometrischen Raster. Auf den Holztafeln erscheinen die kühlen Gegenfarben, die das Thema ergänzen und variieren. Der Rhythmus von Farbe und Form bildet ein großes Ensemble, ein Zusammenklingen von Farben im Raum und ein komplexes Beziehungsgeflecht der Einzelformen untereinander.

Die Wirkung eines Bildes beruht aber nicht allein auf der richtigen Mischung der Farben in genauer Übereinstimmung mit dem Motiv. Ein gutes Bild wirkt vor allem durch die effektvolle Gegenüberstellung von Farben, auf der Zusammenstellung von Farbkontrasten.
Um Ihrem Bild Spannung und Bewegung zu geben, müssen Sie etwas von der Inszenierung der Farben wissen, etwas von ihren Kontrastgesetzen, die in den Bildern alter wie moderner Meister zu erkennen sind. Farben lassen sich durch Kontraste steigern, dramatisieren, aber auch dämpfen, beruhigen, angleichen. Mit den richtig gesetzten Kontrasten kann man eine ganze Palette von Stimmungen und Spannungen erzeugen. Mit der Lehre von den Farbkontrasten haben sich viele Maler und Kunsttheoretiker beschäftigt.

▽ *Hajo Düchting, ohne Titel, 1987, Dispersion auf Papier, 24 x 35 cm.*
Wie absichtslos gesetzte Farben verbinden sich in diesem Bild zu einem mächtigen Farbenklang aus reinen, ungemischten Farben. Alle Farben wurden in dem hier zu sehenden Farbton, ihrer Intensität und Helligkeit direkt angemischt und ohne weitere Mischung aufgetragen.
Wenn Sie reine Pulverpigmente nehmen und diese mit Dispersionsbinder anrühren, erhalten Sie die stärksten Farbwirkungen.

Goethe, Bezold, Chevreul und Hölzel haben auf die große Bedeutung der Kontraste im Bild hingewiesen. Die von Delacroix und später von Kandinsky erwähnte „Farbenmusik“ beruht zu einem großen Teil auf der „magischen“ Wirkung gut zusammengestellter Farben. Die wichtigste Kontrastlehre stammt von Johannes Itten, der sie im Rahmen seiner Farbenlehre, aus der wir schon den Farbkreis kennen, am Bauhaus entwickelt hat. Itten unterscheidet sieben Kontrastarten, die wir im folgenden kennenlernen wollen.

▷ *Henri Matisse, Rotes Interieur, Stilleben auf blauem Tisch, 1947, Öl auf Leinwand, 89 x 116 cm, Kunstsammlung Nordrhein-Westfalen, Düsseldorf.*
Henri Matisse (1869–1954) hat sich wie kaum ein anderer Maler der sinnlichen Wirkung reiner Farben verschrieben. Der stärkste Farbeindruck geht von dem Rot des Bildes aus; es durchzieht die gesamte Komposition in einem Farbton, gleicher Helligkeit und Intensität. Und doch wirkt es im Kontrast zu den anderen Farben immer anders! Durch die angeglichene Helligkeit der Bildfarben erreicht Matisse trotz der großen Buntheitsgrade eine geschlossene Komposition.
Beobachten Sie, wieviel „röter“ die Äpfel auf den hellblauen Flächen des Tisches und des darauf liegenden Tuches wirken! Die Farbwirkung ist hier durch die weiße Umrahmung der Äpfel noch gesteigert. Machen Sie noch weitere Beobachtungen zu der Farbwirkung dieses Bildes!

Der Farbe-an-sich-Kontrast stellt an das Farbenverständnis keine großen Ansprüche. Jede bunte, ungetrübte Farbe kann mit einer anderen reinbunten Farbe zusammentreffen und sich zu einer starken Intensität und Leuchtkraft im Bild verbinden. Je reiner und leuchtender die Farben sind, desto stärker ihre Wirkung im Bild. Der stärkste Farbe-an-sich-Kontrast ist der Dreiklang der Grundfarben Blau, Rot und Gelb.

△ *Monika Huber, ohne Titel, 1986, Öl auf Nessel, 54 x 76 cm, Privatbesitz.*

▷ *Paul Klee, Eros, 1923, Aquarell, 33,3 x 24,5 cm, Sammlung Rosengart, Luzern.*
Paul Klees Aquarell zeigt mit einer virtuosen Lasurtechnik eine subtil abgestufte Hell-Dunkel-Skala aus den drei Grundfarben. In eine nach oben schwächer werdende Blaubasis dringen von links eine Gelbstufung und von rechts eine Rotstufung ein. Aus der zunehmenden Überlagerung der Farben entstehen die nuancierten Graustufen des Bildes.

Die stärkste Wirkung nach dem Farbe-an-sich-Kontrast geht von dem Hell-Dunkel-Kontrast eines Bildes aus, vielleicht deshalb, weil Helle und Dunkelheit für unser Leben von großer Bedeutung sind. Für den Maler sind Weiß und Schwarz die stärksten Ausdrucksmittel für die Hell-Dunkel-Wirkung im Bild. Zwischen Weiß und Schwarz lassen sich eine Vielzahl von Grautönen ausmischen, wie wir das schon von der Tonwertskala her kennen. Eine Hell-Dunkel-Wirkung auf der Grundlage der unbunten Farben Schwarz und Weiß finden wir vor allem in den graphischen Techniken des Holz- oder auch Linolschnitts, der Radierung und der Lithographie.
Schauen Sie sich das Bild der Münchner Malerin Monika Huber ganz genau an! Wieviel Reichtum an Tonwerten und Farbnuancen lassen sich aus so einer großen Grauskala gewinnen!

Auch innerhalb der bunten Farben lassen sich helle und dunkle Farben gut unterscheiden. Malen Sie z. B. ein Kadmiumgelb neben ein Ultramarin oder ein Pariser Blau, und Sie haben eine starke Hell-Dunkel-Wirkung aus reinen Farben. Versuchen Sie einmal die Farbmischungen mit Weiß und Schwarz nach einer Hell-Dunkel-Skala aufzubauen. Sie werden dabei feststellen, daß sich Farben durch gleiche Tonwerte (also Helligkeitsstufen) annähern. Als künstlerisches Gestaltungsmittel ist dieser Kontrast besonders für die Landschaftsmalerei wichtig. Auch die plastische Wirkung in gegenständlicher Malerei beruht auf der langsamen und genauen Abstufung von Hell-Dunkel-Werten der Farben. Wenn Sie ein Bild auf Hell-Dunkel-Wirkung anlegen wollen, sollten Sie wenige Farbtöne verwenden und diese mit Schwarz und Weiß in ihren Tonwerten angleichen.

Klee
1923. 115. EROS

Der Kalt-Warm-Kontrast beruht ganz auf subjektiven Farbempfindungen. Rotorange gilt als die wärmste, Blaugrün als die kälteste Farbe.
Vielleicht liegt die Wurzel unseres Farbempfindens in ganz elementaren Erlebnisbereichen wie Feuer und Wasser, die in unserem Körpergedächtnis gespeichert sind.
In einem gut sortierten Farbkasten, z. B. einem Deckfarbenkasten, lassen sich die warmen und kalten Farben schnell zusammenstellen. Solche Unterscheidungen bleiben aber immer relativ, dem subjektiven Empfinden des Malers unterworfen.
In dem Bild von Derain sind warme und kalte Farben in starkem Kontrast zusammengestellt. Durch die scharf aneinandergrenzenden, unvermischten Farbtupfen erhält das Bild einen unruhigen Gesamtcharakter. Gleichzeitig wird aber durch die Verteilung warmer und kalter Farbflächen die Lichtwirkung betont.
Von der Anwendung des Kalt-Warm-Kontrastes hängt insbesondere die emotionelle Stimmung des Bildes ab. Übrigens lassen sich warme Farben in den kalten Farbbereich und umgekehrt kalte Farben in den warmen Farbbereich drängen. Wissen Sie wie?
Richtig! Durch Ausmischen mit Weiß bzw. Schwarz, aber auch durch Angrenzung an entsprechend kältere oder wärmere Farben!

▷ André Derain (1880–1954), Boote in Collioure, 1905, Öl auf Leinwand, 60 x 73 cm, Kunstsammlung Nordrhein-Westfalen, Düsseldorf.

Warme Farben

Kalte Farben

Komplementäre Farben steigern sich gegenseitig zur höchsten Farb- und Lichtwirkung. Sie löschen sich gegenseitig aus, wenn sie miteinander gemischt werden. Auf Ittens Farbkreis stehen die komplementären Farben diametral gegenüber, also Gelb zu Violett, Blau zu Orange, Grün zu Rot usw. Wenn wir die komplementären Farbpaare zerlegen, stellen wir fest, daß immer die Grundfarben Blau, Rot und Gelb in ihnen enthalten sind. Jede Grundfarbe steht zur Mischung der beiden anderen Grundfarben in einem komplementären Verhältnis:

Rot zu Gelb + Blau (= Grün)
Blau zu Rot + Gelb (= Orange)
Gelb zu Rot + Blau (=Violett)

Wie die Mischung aus allen Grundfarben ein dunkles Grau ergibt, so auch die Mischung zweier Komplementärfarben. Aus der vorsichtigen Ausmischung von komplementären Farben erhalten wir eine ganze Reihe schöner, farbig gebrochener Grautöne, die wir statt Weiß-Schwarz-Ausmischungen (die immer etwas hart wirken) im Bild verwenden können.
Komplement heißt Ergänzung. Die harmonische Ergänzung der Farben ist im Sehvorgang angelegt, wie man am Nachbildeffekt oder am Simultankontrast sehen kann. Zu jeder Farbe erzeugt das Auge eine Gegenfarbe, die sich komplementär ergänzt und das Sehbild farbig ausgleicht. In der Malerei werden Komplementärkontraste eingesetzt, um die Bildkomposition besonders ausdrucksstark zu machen. Vincent van Gogh (1853–1890) hat mit den wichtigsten Komplementärkontrasten in seinen Bildern gearbeitet und ihnen symbolische Bedeutung unterlegt (für Rot-Grün Verhängnis und Verlockung des irdischen Lebens). Mit den farbigen Brechungen dieser Kontraste lassen sich Bildkompositionen harmonisch abstimmen und dennoch auf einen dominanten Kontrast hin anlegen.

Ernst Ludwig Kirchner (1880–1938), ein Maler aus der Künstlergruppe „Die Brücke“, hat in seinem „Selbstbildnis mit Modell“ die ungebrochene Kraft der Komplementärkontraste eingesetzt. Das grelle Muster des Morgenmantels in Blau-Orange unterstreicht die unterschwellige Erotik der Szene. Die schwarze Umrahmung des Mantels an einer Seite grenzt die Farben zum Hintergrund ab, hebt aber auch die Farbwirkung. Der Rot-Grün-Kontrast im Hintergrund schließt das Bild durch gleiche Helligkeiten (Tonwerte) nach hinten ab.
Das unruhige Farbmuster aus den polaren Farbe-an-sich-Kontrasten Blau-Rot links im Hintergrund verknüpft den Kopf des Malers beziehungsreich mit dem gelblichen Orange des Modells. Außerdem werden durch die gleiche Farbgebung von Blau-Rot-Grün Vordergrund und Hintergrund verbunden.

1 Rot und Blau zu Gelb (im Kopf) ergibt einen kräftigen Farbe-an-sich-Kontrast; gesteigert durch den Komplementärkontrast Rot-Grün

2 ein Rosaton erzeugt im Kontrast zu einem gleich hellen Grünton einen Simultankontrast: Rosa wird nach Rot gezogen

3 satte blaue und orange Farbtöne drängen die Figur nach vorne; dazu kommt ein deutlicher Hell-Dunkel-Kontrast, da Blau zu Orange dunkler als zu dem benachbarten Rot wirkt

4 die zueinander gemischten Farben der Bodenzone wiederholen die wichtigsten Kontraste und bilden somit einen geschlossenen Farbraum

▷ *Ernst Ludwig Kirchner, Selbstbildnis mit Modell, 1910, Öl auf Leinwand, 150,4 x 100 cm, Kunsthalle Hamburg.*

1
2
3
4

Der Simultankontrast beeinflußt unser ganzes Farbensehen. Wenn wir nämlich eine Farbe (egal in welchem Zusammenhang) wahrnehmen, so wird gleichzeitig (simultan) die komplementäre Ergänzung mitgesehen und diese strahlt auf die Ausgangsfarbe über. Wenn wir z. B. Rot sehen, ergänzt das Auge Blau und Gelb, also Grün, und schafft somit einen Ausgleich. Mit einiger Geduld werden Sie die farbigen Überflutungen der kleinen Quadrate in unserem Abbildungsbeispiel erkennen.

Jede Farbe nimmt etwas von der Gegenfarbe ihres Grundes an! Besonders wichtig wird der Simultankontrast bei der Betrachtung und Komposition von Bildfarben. In einem Bild läßt sich eigentlich keine Farbe isoliert betrachten. Erst im Zusammenhang entfalten die Farben durch die simultane wechselseitige Beeinflussung ihre volle Wirkung. Diese Erkenntnis haben vor allem zwei Maler genutzt, um ihren Bildern damit neue Ausdruckskraft zu verleihen: Georges Seurat und Robert Delaunay.

Besonders Delaunay hat den Simultankontrast zur grundlegenden Technik seiner Malerei erhoben. In seinen abstrakten Bildern erzeugen die zusammengestellten Farben tatsächlich eine ungewöhnliche Irritation im Auge aufgrund der dauernden gegenseitigen Simultankontrastwirkung. Delaunay hat dieses Phänomen als Bewegung und Rhythmus gewertet und dies als zeitgemäße Malerei einer modernen, beweglichen Gesellschaft aufgefaßt. Diese simultanen Überflutungen entstehen nicht, wenn die Farben komplementär ausgeglichen sind oder stark mit Weiß oder Schwarz gebrochen. Wählt man einen Farbton, der rechts oder links neben der komplementären Farbe steht (s. Itten-Farbkreis), also nicht Gelb zu Violett, sondern Gelb zu Rot- oder Blauviolett, oder Rot zu Blaugrün, statt Rot zu Grün, beginnt das Spiel der Simultankontraste. Durch den Quantitätskontrast, der auf S. 44 noch ausführlich erläutert wird, kann man diese Kontrastwirkung noch verstärken.

Georges Seurat, Ein Sonntagnachmittag auf der Grande Jatte, 1884-1885, Öl auf Leinwand, 68 x 104 cm (Letzte Studie), Metropolitan Museum, New York.
Der neo-impressionistische Maler Georges Seurat (1859–1891) hat in dieser Studie unregelmäßige Farbflecken verwendet, um die dabei entstehenden Farbwirkungen besser studieren zu können. Deutlich erkennbar sind die komplementären Farben, die sich in der Kontrastwirkung zur größten Brillanz steigern, aber auch harmonisch ausgleichen. Ein verstärkter Simultankontrast entsteht im Vordergrund bei der Konfrontation von Gelbgrün der Wiese mit dem Blauviolett der Kleider. Seurat wollte mit den Farbgesetzen der Komplementär- und Simultankontraste seine Farben zu stärkster Leuchtkraft treiben. In seinen regelmäßig gepunkteten Bildern ist die Kontraststärke jedoch zu gering, um den gewünschten Effekt zu erzielen.

◁ Robert Delaunay, Simultane Fenster zur Stadt, 1912, Öl auf Leinwand, 46 x 40 cm, Kunsthalle Hamburg.
Die Serie der „Fenster-Bilder" eröffnete für Delaunay eine neue Malerei rein aus der Farbe. Allein aus Farbformen in leuchtenden Kontrasten sind diese Bilder aufgebaut. Bei intensiver Betrachtung entfalten sie ein lebendiges Spiel simultaner Farbbeziehungen. Das soll an einem Beispiel noch einmal erläutert werden:
Die orange-grünen Felder rechts im Bild irritieren das Auge, das einen komplementären Ausgleich braucht und darum die Gegenfarben im Bild sucht (Blau und Rot). Gleichzeitig steigern sich die Farbfelder in ihrer Farbigkeit, Orange nach Rot und Blau nach Grün.

Das gelbe Quadrat wirkt auf Weiß größer als auf Schwarz.
Das rote Quadrat wirkt auf Weiß kleiner als auf Schwarz.

Diese Zusammenstellungen zeigen die veränderte Wirkung von Rot durch unterschiedliche Gegenfarben.

Den Reinheits- oder Sättigungsgrad von Farben kann man auch als Farbqualität verstehen (vgl. S. 20 zu Intensität). Werden reine, gesättigte Farben gegen getrübte, d. h. mit Schwarz und Weiß gebrochene oder komplementär vergraute Farben gestellt, so spricht man von einem Qualitätskontrast.
Die Wirkung intensiv-stumpf ist natürlich abhängig von der Lage der Farben im Bild. Ein dunkelgelber Farbton wird neben einem dunkel getrübten Karminrot leuchtender aussehen als neben einem weiß aufgehellten Grün.

Farben können auf verschiedene Weise getrübt, d. h. in ihrer Intensität gemildert werden.

1. Mischt man eine reine Farbe mit Weiß aus, so erhält man pastellartige Farbtöne, die heller und kälter als die Ausgangsfarbe wirken. Schauen Sie sich daraufhin noch einmal auf S. 24 die Mischübungen an und auf S. 34 den Hell-Dunkel-Kontrast!

2. Wird eine Farbe dagegen mit Schwarz gebrochen, so verliert die Farbe völlig ihren farbigen Ausdruck und ihre Helligkeit. Schwarz gibt den Farben eine düstere, fahle Note. Manche Farben, so wie Gelb, verwandeln sich unter Beimischung von Schwarz in ganz andere Farbtöne. Deshalb sollte man Schwarz nur äußerst selten und sehr bewußt verwenden.

3. Einen reinen Farbton kann man auch durch Grautöne brechen, also durch Beimischung von Schwarz und Weiß. Je nach Menge der Graubeimischung werden die ursprünglichen Farben mehr oder weniger, heller oder dunkler, eingetrübt. Das mag für bestimmte Stimmungslandschaften keine schlechte Lösung sein (vgl. S. 34 zum Hell-Dunkel-Kontrast).

4. Die wohl eleganteste Lösung des Problems der Brechung und Trübung von Farben besteht aber zweifellos in der Zumischung der jeweils komplementären Farbe. Experimentieren Sie einmal mit allen komplementären Farbpaaren in verschiedenen Mischungsverhältnissen und Sie werden feststellen, wieviel verschiedene, feine Farbnuancen auf diese Weise entstehen (vgl. auch S. 38 zum Komplementärkontrast).

Paul Klees „Unterwassergarten" ist nicht nur ein zauberhaftes Bild, sondern demonstriert auch in aller Deutlichkeit diesen Kontrast:
der hellrote Fisch hebt sich deshalb so leuchtend hervor, weil um ihn herum die verschiedenen Blau- und Grüntöne in einer anderen Intensität, nämlich gebrochen mit anderen Farben wie auch mit Weiß aufgehellt vorkommen.
Welche anderen Kontrastarten entdecken Sie noch in dem Bild?
Versuchen Sie, ein Bild nach Ihren Vorstellungen mit einer getrübten Farbenreihe und einem Qualitätskontrast zu malen!
Vielleicht beflügelt Sie ein anderer Titel von Klee, der auch in dieser Hinsicht sehr erfinderisch war: Feuer bei Vollmond.

1

2

3

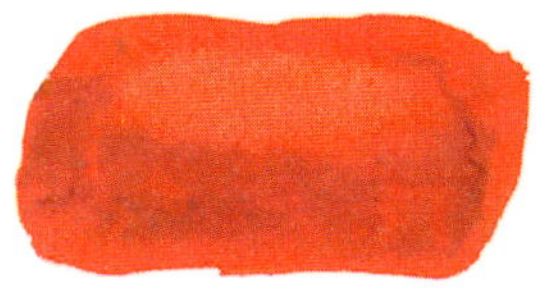

4

Paul Klee, Unterwassergarten, 1937, Öl auf Leinwand, 100 x 80 cm, Privatbesitz Schweiz.

Piet Mondrian, Komposition, 1921, Öl auf Leinwand, 49,5 x 41,5 cm, Emanuel Hoffmann-Stiftung, Kunstmuseum Basel.

Hajo Düchting, ohne Titel, 1985, Dispersion auf Nesselstoff, ca. 125 x 82 cm.

Schon bei anderen Kontrastarten ist uns aufgefallen, wie die Größenverhältnisse der Farben zueinander die Kontrastwirkung beeinflußen (s. S. 38–41).
Am Beispiel Seurat sahen wir die abgeschwächte Wirkung des Simultankontrastes durch die zu kleinteilige Fleckenstruktur. Am Beispiel Delaunay können wir die Simultankontrastwirkung wesentlich besser wahrnehmen (am besten natürlich vor dem Original), da alle wichtigen Farben in ein entsprechendes Größenverhältnis zueinander gebracht worden sind. Das Abwägen der Farbmengen im Bild ist daher von ausschlaggebender Bedeutung für die Gesamtwirkung des Bildes. Helle und warme Farben wie Gelb, Orange und Rot setzen sich gegen dunkle und kalte Farben leichter durch als umgekehrt. Aber auch die Intensität und Helligkeit der Farben in der Bildkomposition spielten eine Rolle. Auf Klees Bild hält der kleine, rote Fisch die übrigen, kühleren Farben in spannungsvoller Balance. Piet Mondrian (1872–1944) hat es meisterlich verstanden, Farbmengen aus den Grundfarben in ein immer neues Spannungsverhältnis zu bringen, ohne seinen Grundprinzipien untreu zu werden, der gerade rechte Winkel und der volle, ungebrochene Farbton. Hinzu kommen nur noch einige Grauwerte und Schwarz und Weiß. Die schwarzen Linien dienen nicht nur zur Farbensteigerung und zur Bildaufteilung, sondern schaffen auch in ihrer variierenden Stärke eine zusätzliche Bildspannung.
Nicht ganz so streng wie bei Mondrian ist mein Tuch-Bild aufgebaut: es entspricht in der Farbenfolge Rot-Blau, Rot-Gelb, Blau-Rot eher einem musikalisch empfundenen Thema. Das Hauptgewicht liegt auf der intensiv gelben Fläche in der Mitte des Bildes, die flankiert von den zwei anderen Primärfarben Rot und Blau zu einem mächtigen Dreiklang ansteigt. Zu den Bildrändern rechts unten und oben links sind die Farben abgeschwächt und tendieren zu den Sekundärmischungen.
Statt schwarzer Trennungslinien habe ich einen wasserlöslichen Pastellstift genommen, um die Farbfelder nicht zu sehr zu trennen, sondern stärker zusammenzubinden.

△ *Hajo Düchting, ohne Titel, 1985, Mischtechnik auf Papier, ca. 110 x 126 cm, Privatbesitz*

▷ *Horst Lerche, Bild mit Rahmen, 1982, Mischtechnik, 205 x 131 cm, Privatbesitz.*

Die dargestellten Kontrastarten sind natürlich nie ganz isoliert im Bild zu finden, sondern ergänzen sich und treten zusammen in einer Farbkomposition auf. Außer dem Kontrast der Farben sehen wir im Bild auch häufig die Angleichung von Farben. Angleichung oder Verwandtschaft von Farben entsteht durch Differenzieren der Farbtöne, also durch langsames Abstufen
○ mit Schwarz und Weiß in den Tonwerten
○ mit anderen Farb*tönen* derselben Farbgruppe (verschiedene Gelbtöne)
○ mit Farbtönen einer anderen Farbgruppe (Rot über mehrere Violettschritte zu Blau), ein Verfahren, das wir nach Paul Cézanne Modulation nennen wollen
○ mit Farbtönen einer komplementären Farbgruppe über mehrere Graustufen zu einem neutralen Grau.
In meinem Bild können Sie verschiedene Farbgestaltungsmethoden erkennen:
○ die Angleichung der Farbtöne in einem Farbbereich (Gelb), in vielen Nuancen ausgemischt, d. h. differenziert.
○ die mit den Gelbtönen übermalten, darunterliegenden Farbflächen, die jetzt als lanzettförmige Formteile herauskommen, enthalten starke Warm-Kalt- und Hell-Dunkel-Kontraste. Blau-Rot ist außerdem im Verhältnis zu Gelb der stärkste Farbe-an-sich-Kontrast. Zu Gelb gesehen, haben wir die Farbentotalität im Bild, aufgebaut auf dem Dreiklang Blau-Rot-Gelb.
○ durch Vermischung der oberen gelben Schichten mit den darunterliegenden blauroten erhalten wir in Ansätzen die Sekundärfarben.
Zwischen den gelben Farben und den herausblitzenden blau-roten Farbformen ergeben sich außerdem sehr eindringliche Intensitäts- bzw. Qualitätskontraste (gelb = stumpf – blau-rot = stark leuchtend) und Quantitätskontrasten (gelbe Farbmenge größer als die blau-roten Farbeinsprengsel).
Die Intensität der blau-roten Farbmengen wird noch durch einen kräftigen Simultankontrasteffekt gesteigert:
Die Komplementärfarbe zu Gelb ist Violett, die Mischung aus Blau und Rot; die simultane Überflutung des Auges mit dieser Gegenfarbe zu Gelb (das ja reichlich vorhanden ist) läßt die farbige Erscheinung der blau-roten Farbflecken stärker pulsieren.
Insgesamt wirkt das Bild durch einen starken Hell-Dunkel-Kontrast, als Farbstimmung zwischen den dunkleren blau-roten Farben und den darübergemalten Gelbtönen.
Noch etwas zur Form des Bildes: Das Bild wurde auf einen großen Bogen festen Papiers gemalt und dann in die jetzt sichtbare Form „gerissen", so daß die Bilderscheinung zum einen den Eindruck von etwas Ausschnitthaftem, endlos Fortsetzbarem bekommt, zum anderen die Richtung der aufblitzenden Farbflecken durch die dynamische Außenform gesteigert wird.
Im übrigen wurden die sonst üblichen Figur-Grund-verhältnisse im Bild umgekehrt, d. h. was zuerst Grund war, die Untermalung mit blauen und roten Farbtönen, wird durch die Übermalung mit Gelbtönen Figur und umgekehrt.
Versuchen Sie in dem Bild von Horst Lerche die Farbgestaltung zu untersuchen, also die Kontrastarten, die Möglichkeiten der Farbangleichung und die verschiedenen Farbtechniken (glatt vermalte gegen getupfte, usw.)!
Machen Sie kleine Skizzen und Studien in Farbe!

Wir können die Farbgebung in der Malerei auch nach den Funktionen der Farbe im Bild unterscheiden.

Die Gegenstandsfarbe hat die Funktion, den Gegenstand so vollständig und deutlich wie möglich darzustellen. Als Beispiel habe ich ein Stilleben von Hans Thoma ausgesucht: alle wichtigen Teile des Bildes, der Krug, die Blumen, Glas und Tisch sind plastisch herausgearbeitet und nach ihrer Stofflichkeit charakterisiert. Die Farbigkeit beruht auf einer ausgewogenen Hell-Dunkel-Wirkung, vorwiegend aus Brauntönen ermischt. Farbige Akzente sind sehr sparsam und nur zur Verdeutlichung von Volumen, Lichteinfall und Gegenständlichkeit eingesetzt.

▷ *Hans Thoma, Feldblumenstrauß, 1872, Öl auf Leinwand, 77 x 55 cm, Nationalgalerie Staatliche Museen Preußischer Kulturbesitz, Berlin (West)*
Foto: Jörg P. Anders

Birgit Schneider hat nun die drei anderen Möglichkeiten der Farbgebung anhand des Stillebens von Thoma durchgespielt.

Die Erscheinungsfarbe tritt zum ersten Mal bei den Impressionisten auf. Sie interessierte weniger die feste Dinglichkeit, das Volumen der Dinge und ihre Lage im Raum, als die Erscheinung von Farbe und Licht auf den Gegenständen, bzw. die im Licht wechselnde farbige Erscheinung der Gegenstände. Von Erscheinungsfarbe kann man also allgemein sprechen, wenn das betreffende Motiv vom farbigen Gesamtzusammenhang her aufgefaßt wurde und in ein farbiges Gewebe von Pinselstrichen übertragen wurde, die weniger den Gegenstand selbst bezeichnen als seine farbigen Reflexe in einer bestimmten Lichtsituation.

Die Ausdrucksfarbe wiederum betont die expressiven Möglichkeiten der Farbgebung. Hier können alle Kontrastarten angewandt werden, welche der Farbe die größte Ausdruckskraft verleihen. Das Motiv wird oft nur als Anlaß genommen, um mit der Farbe und ihren Wirkungen zu arbeiten. Gegenständliche Lesbarkeit wird nur so lange angestrebt, wie es die Formschemata zur Farbgebung verlangen.
In der Geschichte der Malerei haben die Expressionisten, z. B. die Maler der „Brücke“, und die Fauves in Frankreich, Matisse, Dufy, Derain u. a., die Ausdrucksfarbe verwendet und oft zu größter Farbkraft gesteigert.

Die absolute Farbe verzichtet auf ein gegenständliches Motiv. Die Farbe ist hier zum einzigen Thema der Malerei geworden. Bei unserem Beispiel wurde natürlich von dem Stilleben abstrahiert, d. h. einzelne farbige Werte wurden vom Gegenstand abgelöst und in eine neue gegenstandsfreie Bildkomposition übertragen. Man kann aber auch ganz ohne Vorlage direkt mit der Farbe abstrakt gestalten, wie das schon an mehreren Beispielen im Buch vorgeführt wurde. Die absolute Farbe erfordert viel Fingerspitzengefühl und Verständnis für die Farbgesetze, damit keine grelle, schreiende Bildwirkung entsteht und das Bild wie ein nicht gelöstes Puzzle auseinanderfällt.
Betrachten Sie unter den hier geschilderten Gesichtspunkten einmal Bilder in einem Museum oder einer Galerie!
Versuchen Sie ein gegenständliches Motiv ähnlich durchzuspielen, und achten Sie schließlich bei Ihrer eigenen bildnerischen Arbeit auf die unterschiedlichen Möglichkeiten der farbigen Umsetzung Ihrer Motive!

Der Kunsthistoriker Hans Jantzen hat für die Geschichte der Farbgebung in der Malerei zwei grundlegend verschiedene Möglichkeiten herausgestellt: Farbe als *Eigenwert* und Farbe als *Darstellungswert.*
Seit dem Impressionismus verfolgt die Entwicklung der Malerei mehr eine autonome, vom Gegenstand losgelöste Farbgebung. Der Künstler interessiert sich zunehmend für den Eigenwert der Farbe. Doch eine so klare Trennung gibt es nicht immer zu beobachten. Die Grenzen zwischen einer darstellenden, dem Motiv untergeordneten Farbigkeit, dem Darstellungswert, und den freigesetzten energetischen Qualitäten der Farbe, ihrem Eigenwert, verlaufen in der historischen Entwicklung, die wir hier kurz skizzieren wollen, meist fließend.
Die christliche Malerei des Mittelalters betont nicht etwa den Darstellungswert der Farbe, sondern ihren Eigenwert. Die abstrakten Farbflächen der Buchmalerei wie auch die Goldgründe der Tafelmalerei symbolisieren in ihrer Reinheit die göttliche Macht. Die Gewandfarben der Heiligen sind nicht aus der Anschauung gewonnen, sondern bedeuten symbolische Zuweisungen (Blau für Marias Mantel steht für die Farbe des Himmels, nicht im alltäglichen, sondern im transzendenten Sinn).
Mit *Giotto* (1266–1337) beginnt der Schritt zur neuzeitlichen Tafelmalerei. Die Farbe wird der formalen Gestaltung, den Raum- und Lichtverhältnissen der beobachteten Umwelt unterworfen. Von nun an tritt die Farbgebung der Malerei zunehmend unter dem Aspekt des Darstellungswertes auf. Die Farben werden immer mehr verschmolzen (ermöglicht durch die Technik der Ölmalerei) und bilden einen homogenen Bildraum ab (Perspektive), in dem die Gegenstände und Figuren in natürlich beobachteten Licht- und Farbverhältnissen wiedergegeben sind. Während die Frührenaissance sehr die zeichnerische Form betont und auf die genaue Lokalfarbigkeit achtet, werden in der Hochrenaissance die Farben mehr zueinander geführt und durch die Einführung der Luftperspektive in einen atmosphärischen Farbraum eingebracht. Die Barockmalerei bedeutet einen Höhepunkt an koloristischem Reichtum und technischer Virtuosität. In der flämischen Malerei werden die Farbwerte zu höchster Intensität in primärfarbigen Akzenten eingesetzt. Die holländische Genremalerei setzt mehr auf die Farbe als Darstellungswert, auf die genaue Beobachtung und malerische Wiedergabe der Farbwerte in ganz alltäglichen Genreszenen.
Rembrandt (1606-1669) ist nicht nur einer der größten Maler Europas, sondern auch ein koloristisches Genie. Die unglaubliche Vielfalt seiner künstlerischen Tätigkeit umfaßt Historienmalerei, religiöse Themen, Porträts und Figurenbilder, Landschaften und Stilleben. Rembrandts Malerei wird durch ein geheimnisvolles Goldbraun bestimmt, in dem alles eingewoben erscheint. Die in Holland entwickelte Hell-Dunkel-Malerei zur räumlichen Darstellung wird von ihm mit einer fast sakralen Stimmung aufgeladen. Eingesprengt wie Edelsteine leuchten im Hell-Dunkel die warmen farbigen Akzente auf, weniger ein realistisch gemeintes Beleuchtungslicht als ein von innen empfundenes Durchglühen, ein geistiges Licht, verwandt den Goldgründen des Mittelalters.
In der akademischen Theorie des 18. Jahrhunderts erhält die Linie die wichtigste Bedeutung in der Malerei (J. L. David). Die Farbe wird als nur-sinnliches, oberflächliches Phänomen verstanden. Der Klassizismus vertritt eine heroisch-idealistische Anschauung und knüpft an den Formenkanon der Antike an. Als gegenläufige Bewegung tritt dann die romantische Malerei in Frankreich auf den Plan mit ihrem stärksten Vertreter *Eugène Delacroix* (1798–1863). Die Verehrung der großen Meister der Farbe, *Tizian, Tintoretto, Rubens, Rembrandt,* führt ihn zu einer neuen Farbtechnik, die von der nächsten Malergeneration der Impressionisten bewundert und weiterentwickelt wird. Aus der Beobachtung farbiger Schatten in der Natur gewinnt Delacroix Einsichten in die Theorie der komplementären Farben und ihre Verwendung im Bild.
Mit den Impressionisten beginnt sich das Verhältnis Eigenwert-Darstellungswert der Farbe zugunsten des Eigenwertes zu verschieben. Die Landschaftsserien von *Claude Monet* (1840–1926) fangen in immer neuen Varianten das wechselnde Licht und die damit sich verändernde Farbigkeit einfacher Gegenstände in ein flirrendes Gewebe von Pinselstrichen ein. Der vom Licht ausgelöste Farbreiz, die Vielfalt der natürlichen Farbnuancen wird zu einem Hauptthema der Malerei. Monets Serie der „Seerosen" (1897–1926) entwickelt den freien Pinselstrich immer weiter zu einer völlig vom Gegenstand abgelösten, autonomen Bilderscheinung.
Die Erfahrungen der impressionistischen Malerei werden von anderen nachfolgenden Malern weiterverfolgt:
Georges Seurat (1859–1891) will mit Hilfe eines farbigen Punktsystems eine optische Mischung und damit größere Brillanz der Farben erzielen.
Vincent van Gogh (1853–1890) steigert die komplementären Farben zu größter Spannung und unterlegt seinen Farben symbolische Bedeutung.
Paul Gauguin (1848–1903) verbindet eine dekorativflächige Farbgebung mit einer musikalisch aufgefaßten, suggestiven Wirkung. Die Harmonie der Farbe gleicht für ihn einem Traum unberührter, absoluter Natur.
Paul Cézanne (1839–1906) festigt schließlich die impressionistische Farbe zu ineinander gefügten Farbreihen, den Modulationen, die vor dem Motiv gewonnen, dennoch im Bild zu einer selbständigen Konstruktion zusammenwachsen. Cézanne versucht zum letzten Mal, die Durchdringung von Eigenwert und Darstellungswert der Farbe, die Einheit von Raum, Körper und Fläche zu verwirklichen.
Von Cézanne ausgehend, konzentrieren sich die künstlerischen Bewegungen des 20. Jahrhunderts auf bestimmte formale Aspekte, die in einem rein bildnerischen Kosmos zu einer neuen Synthese gelangen sollen. Die Farbe spielt dabei in ihren freigesetzten Eigenwerten eine immer größere Rolle.

Paul Cézanne, Montagne Sainte-Victoire, 1905–1906, Aquarell und Bleistift, 36 x 54,5 cm, Tate Gallery, London

Robert Delaunay (1885–1941) erhebt die Farbe zum alleinigen Bildgestaltungsmittel. Allein aus den Farbkontrasten baut sich das Bild auf und soll nur noch über die Farbe selbst, den Spannungen und Kontrasten, ihrer Dynamik und Bewegung erlebt und erfahren werden.
Mit Delaunays reiner Malerei schließt ein großes Kapitel der Kunstgeschichte und ein anderes wird eröffnet: die Geschichte der abstrakten Malerei.
Für die abstrakten Maler *Klee, Kandinsky, Itten* und den auf ihre Malerei aufbauenden nachfolgenden Künstlern ist die Farbe Grundlage einer neuen, zu erforschenden Bildsprache, aus deren Gesetzen neue Bildwelten zusammengestellt werden können.
Nach 1945 verselbständigt sich die freigesetzte Farbe immer mehr zu materiellen Prozessen, die auf die Freiheit des schöpferischen Aktes gründen. Eine inhaltlich festzulegende, gar symbolische Bedeutung der Farbe wird immer stärker abgelehnt. Die Autonomie des Schaffensprozesses verweigert eine Sinngebung der bildnerischen Gestaltung. Bildmittel, Fläche, das Material selbst wird einem rigorosen Untersuchungsprogramm unterworfen, welches im Hintergrund die Frage nach dem Sinn künstlerischen Tuns überhaupt enthält. Gegen diese nur-technische Verfügbarkeit der Farbe wendet sich in letzter Zeit eine neoexpressive, gegenständliche Malerei, die der Farbe untergeordnete Bedeutung hinter der Suche nach neuen Inhalten zugesteht. Auch heute bemühen sich verschiedene Vertreter einer reinen Farbmalerei um ein Verständnis von Farbe und ihrer Bedeutung in unserer Zeit. Dabei muß letztendlich die „Sprachhöhe“ (Hofmann) der Farbgestaltung entscheiden, ob und wie eine reine Malerei aus der Farbe wieder gesellschaftlichen und kunstgeschichtlich relevanten Stellenwert erhalten wird.

Das Thema der Jahreszeiten und ihre farbige Umsetzung hat den Maler immer besonders fasziniert. Denken Sie nur an Pieter Bruegels Zyklus der Jahreszeiten und Monatsbilder oder wieder an die Impressionisten, die sämtliche Stimmungen der wechselnden Tages- und Jahreszeiten malerisch ausdrücken konnten. Auch als Thema meiner Malschule wurde die Idee begeistert aufgenommen. Vorher sprachen wir über die Farben der Jahreszeiten: im Frühling zarte, leichte Farbtöne, wie man sie sehr schön mit den Aquarellfarben gewinnen kann; für den heißen Sommer eignen sich gut Wachs- oder Pastellstifte mit ihrem körnigen Auftrag, der das Weiß des Papiers durchschimmern läßt und dadurch Hitze und Luft suggeriert. Als Farbtöne kommen helle, warme Farben, aber auch kräftige Kontraste in Frage. Der Herbst trägt eher gedeckte, mit Schwarz und Weiß gebrochene Farben, wobei ein Hell-Dunkel-Kontrast, auch aus komplementär gebrochenen Grautönen, sehr gut wirkt.

Der Winter beschert uns den Schnee und Frost. Aber wer denkt, dazu brauchen wir nur weiße Farbtöne, täuscht sich! Gerade im Winter gibt es oft herrlich intensive Farbspiele zu sehen. Beobachten Sie einmal morgens die Umgebung einer eingeschneiten Landschaft, und Sie werden überrascht sein von den prismatischen Brechungen im Schnee und der Intensität der Lichtreflexe! Nehmen Sie also ruhig einige kräftige Farbkontraste in die sonst zurückhaltende, aus Pastelltönen zusammengesetzte Palette mit hinein.

Und vergessen Sie neben den Kontrastgesetzen nicht, auch die Natur zu studieren!
Schnell werden Sie die betreffenden Jahreszeiten unserer Bildbeispiele herausfinden. Malen Sie doch selbst einmal in Ihrer Technik einen Jahreszeitenzyklus!

Entgegen vielen Farbtheorien ist die Einstellung zur Farbe und zur Farbgebung im Bild ein weitgehend subjektiver Faktor, den man zwar durch theoretische Kenntnisse und vor allem praktische Erfahrungen ausbilden kann, aber nie ganz objektiv zu erhärten vermag.

Die wichtigsten Regeln, wenn man überhaupt solche suchen will, für die Harmonie von Farbzusammenstellungen ergeben sich aus der Anwendung vor allem der Kontrastarten und ihrer Balance durch Farbangleichungen. Das ist ganz sicher eine Sache der Übung, der Vorliebe für bestimmte Farben und Gegenstände, der Ausdruckswahl und Funktionsweise der Farben (s. S. 46–48), letztendlich des ganz persönlichen Geschmacks. Denken Sie daran, wie die Bilder van Goghs oder Cézannes vom zeitgenössischen Publikum angegriffen wurden, wegen ihrer „scheußlichen“ Farben. Heute sind diese beiden Maler schon klassische Vorbilder im Malunterricht der Schulen!

Machen Sie sich also unabhängig von theoretischen Vorschriften. Entwerfen Sie Ihre eigene, Sie ansprechende Farbharmonie! Achten Sie dabei auf den Gesamtklang der Farben! Versuchen Sie zwischen den Farbkontrasten zu vermitteln, Zwischenschritte und gebrochene Farben einzufügen. Nach Paul Renner geben unharmonische Farbzusammenstellungen keinen Klang, sie bleiben bunt und stumm!

Aber: weder die harmonisch ausgeglichene noch die expressive, zu kräftigsten Buntwerten gesteigerte Farbigkeit ist eine Garantie für eine künstlerisch gelungene Arbeit!

Am Beispiel einer Landschaftsübung meiner Malschule sehen Sie die Subjektivität der Empfindung von Harmonie. Als Vorlage wurde ein Bild von Gabriele Münter (Blick aufs Gebirge, 1934, Öl auf Leinwand, 46,5 x 55 cm, Städtische Galerie im Lenbachhaus, München) genommen, mit der Aufgabe, die Farben möglichst nahe am Vorbild harmonisch abzustimmen. Wer will sagen, welche Farbgebung der ausgewählten Bildausschnitte harmonischer als die andere sei?

△ *Franz Marc, Kämpfende Formen, 1914, Öl auf Leinwand, 91 x 131,5 cm, Staatsgalerie Moderner Kunst, München.*
Zu den wenigen ganz abstrakten Bildern von Franz Marc (1880–1960), der sonst durch seine symbolischen Tierbilder bekannt geworden ist, gehört dieses Bild aus einer Serie von insgesamt vier Bildern.
Angeregt durch östliche Philosophien nahm Franz Marc in seinen letzten Jahren ein dualistisches Weltbild an.
In den abstrakten, aggressiv sich nähernden Formen werden zwei ganz widerstreitende, polare Kräfte des Lebens sichtbar, die Polarität von Licht und Finsternis als Ausdruck des Kampfes zwischen der geistigen und materiellen Welt.

Die provokative Überschrift stammt von dem amerikanischen Maler Barnett Newman (1905–1970), der damit eine Serie seiner riesigen, abstrakten Bilder betitelt hat, die nur aus einer roten Malfläche und vertikalen Streifen in Blau und Gelb bestehen. Aber selbst zwischen diesen minimalen formalen Eingriffen spielt sich eine unglaubliche Dynamik der Farben ab. Farbdynamik kann natürlich zunächst durch gesteigerte Intensität und Reinheit der Farben entstehen. Dann werden auch die Farbkontraste, besonders der Komplementär- und Simultankontrast, die Dynamik der Farben steigern. Alle kräftigen, reinen Kontraste von Farben wirken auf den Betrachter anregend-dynamisch. Was erhöht noch die Dynamik des Bildes? Schauen Sie einmal Bilder der „Neuen Wilden“ an! Oder auch der „Alten Wilden“, Kirchner, Beckmann, Nolde, Matisse, Derain! Sie werden feststellen, daß neben der Farbgebung auch die Technik und der Farbauftrag das Bildgeschehen beleben. Die Bilder van Goghs zeigen bei näherem Hinsehen ganz deutlich im Pinselduktus die emotionelle Erregung des Malers angesichts der Natur und der Aufgabe, sie in Malerei umzuwandeln. Frei gesetzte, sichtbare Pinselstriche übertragen die Emotion des Malers auf den Betrachter. Aber auch die Formgebung ist wichtig! Erfinden Sie dynamische Formen und wählen Sie dazu kräftige Farbtöne aus!
Nehmen Sie als Thema „Das kleine Blau besiegt das große Rot mit der Hilfe von Gelb“!

▷ *Hajo Düchting, Farbsegel, 1984, Dispersion auf Leinwand, unregelmäßige Formgebung der Leinwand (shaped canvas).*
Dieses ungewöhnliche Farbsegel spannt sich frei über 2 Meter Breite. Es besteht anscheinend nur aus den drei Primärfarben Blau, Rot und Gelb, die in dynamischer Formgebung zueinander gestellt sind. In Wirklichkeit werden die tatsächlich auf den drei Grundfarben basierenden Farbflächen durch verschiedene Kontrastgesetze zu jeweils anderen Farbwahrnehmungen gebracht. Erkennen Sie, welche? Dynamik entsteht durch folgende Faktoren:
○ *durch die Primärfarbigkeit*
○ *durch die Kontrastarten*
○ *durch die Formgebung im Bild und der Bildform selbst*
○ *durch den Pinselduktus im Bild, der über das untere rote Feld schwappt und im oberen Teil des blauen Feldes den gelben Grund freigibt.*

Viele Möglichkeiten der Farbkomposition haben Sie jetzt schon kennengelernt. Ob Sie nun gegenständliche Motive malen oder im abstrakten Bereich der Farbe arbeiten, vergegenwärtigen Sie sich immer die wenigen, aber grundlegenden Gesetze der Farbe.
Ein Meister der Farbkomposition, der den ganzen Reichtum der Farbbeziehungen erkannt und angewandt hat, ist Paul Cézanne. In seinem Bild „Äpfel und Orangen" (1895–1900, Öl auf Leinwand, 73 x 92 cm, Musée d'Orsay, Paris), hat Cézanne den ganzen Farbenkreis durchgespielt. Zwei komplementäre Farbenpaare leiten aber die farbige Gestaltung: Rot-Grün und Orange-Blau. Über das ganze Bild verstreut finden wir diese Hauptfarben des Bildes, in vielfältigen Nuancen moduliert. Dazu kommt noch ein drittes komplementäres Farbenpaar, Violett-Gelb. In der Modellierung der Äpfel ist Gelb als Lichtakzent verwendet. In einigen Falten des Tischtuches sammelt sich das Violett und verstärkt somit noch einmal die farbige Wirkung des Bildes.
Alle Farben sind in ihrer Reinheit, aber auch in Trübungen, Aufhellungen und Verdunklungen vorhanden. Die Trübungen erzielt Cézanne durch Ausmischen der Komplementärfarben, Rot zu Grün, Orange zu Blau, Gelb zu Violett (s. S. 38). Dadurch erreicht er feine, malerische Übergänge und vermeidet harte Grautöne. Cézanne arbeitet mit allen Kontrastmöglichkeiten der Farbe, allerdings in abgedämpfter Gegenüberstellung, nie hart aufeinanderprallend. Der Hell-Dunkel-Kontrast bildet den Hauptakzent des Bildes. Einen sehr malerischen Eindruck erhält das Bild durch das sorgfältige Abwägen warmer und kalter Farben, wie das meisterhaft auf dem Tischtuch sichtbar wird. Im Hintergrund, in der bunt gemusterten Decke, sind die Farben durch Trübungen verdunkelt, aber ebenso in kalt-warmen Kontrasten gegenübergestellt.
Aus der Verwendung trüber und reiner Farben im Bild resultiert der Qualitätskontrast (S. 42).
Neben dem Reichtum an farbigen Beziehungen überzeugt das Bild auch durch seinen formalen Aufbau aus Gegensätzen runder und spitzer Formen, dem harmonischen und doch spannungsreichen Zusammenspiel der Richtungskräfte im Bild.
Überprüfen Sie selbst noch einmal die farbige Anlage des Bildes! Entdecken Sie noch andere Regeln der Farbe?

August Macke, Mädchen unter Bäumen, 1914, Öl auf Leinwand, 119,5 x 159 cm, Staatsgalerie Moderner Kunst, München.

Ein anderer Meister der Farbe, August Macke (1887–1914) hat hier ein wunderschönes Sommerbild entworfen, ein heiteres Fest der Farben. Inmitten einer sonnendurchfluteten Waldlichtung ist eine Schar junger Mädchen in starker Vereinfachung wiedergegeben. Erkennbar sind nur die farbigen Flächen der Gesichter, alle Details fehlen. Gut veranschaulicht ist dagegen der Fluß der Bewegungen, die Haltung der Köpfe und Arme. Um wieviel mehr wirkt das Bild durch die Farben! Von dem hellgrün, lichtvoll gehaltenen Waldstück heben sich die Figuren kontrastreich ab, die Gewänder in blauen Modulationen und gelben Akzenten im Licht, die Haare in warmen Braun-Rot- oder Hellbrauntönen. Rechts im Bild am Brunnen ist ein Mädchen besonders durch warme Rottöne im Gewand gekennzeichnet; sie bilden einen kräftigen Kontrast zum umgebenden Grün. Die Bildwirkung ist insgesamt auf eine ausgesprochene Kalt-Warm-Wirkung angelegt, was dem Bild seine besondere Atmosphäre gibt.

Die den Anfänger oft beunruhigende (scheinbare) Vielfalt der malerischen Techniken läßt sich im wesentlichen auf zwei Grundtechniken des Farbauftrags zurückzuführen:

○ die Technik, dünne Farbschichten durchsichtig übereinanderzulegen. Die Farben erhalten dadurch eine beträchtliche Tiefenwirkung (bei Ölfarben vor allem) und einen perlmuttartigen Schimmer.

○ die Technik, pastose Farbe aufzutragen und in die nasse Farbe weitere Farbe zu vermalen bzw. auf getrocknete Farbschichten neue dichte Farblagen aufzutragen.

Selbstverständlich gibt es zwischen diesen Grundtechniken viele Übergänge und Zwischenbereiche.

Die Lasurtechnik beruht auf der Schichtung transparenter Farben, die sich in der Gesamtwirkung nach dem Gesetz der subtraktiven Farbmischung verhalten, d. h. besonders in der Aquarelltechnik zu Grautönen zusammenwachsen können. Das Aquarell von Cézanne zeigt die virtuose Technik, die Cézanne in seinem Spätwerk mit den Aquarellfarben erreichte. Jeder Pinselstrich muß erst völlig durchtrocknen, bevor der nächste bedachtsam gesetzt werden kann, eine mühsame und überlegte Prozedur, deren Erfolg aber die Mühen rechtfertigt. Aber nicht nur Aquarellfarben eignen sich zu dieser Technik. In der Öltechnik erzielen Sie damit eine besonders fein abgestufte Tiefenwirkung. Zur transparenten Vermalung eignen sich auch die Dispersionsfarben sehr gut, also die wasserverdünnbaren Farben auf Basis eines Dispersionsbindemittels, wie sie in den Fachgeschäften unter der Bezeichnung Acryl- oder Vinylfarbe angeboten werden. Selbst die Voll- und Abtönfarben, eigentlich Anstrichfarben für den Innen- oder Außenraum, lassen sich mit etwas Geschick entsprechend einsetzen. Eine andere subtile Möglichkeit ist die von Delacroix sogenannte „flochetage", das Übermalen trockener Farbschichten mit einer pastos angerührten Farbe, so daß die Pinselspur nicht ganz deckt, sondern Partien des Untergrundes freigibt.

Unten sehen Sie einen Ausschnitt aus einem Bild von Claude Monet, einem „Seerosen-Bild", in dem die Technik der „flochetage", des trockenen Verreibens der Farbe, gut zu erkennen ist. Die vielen aufgebrochenen Farbpartikel und Spuren erzeugen eine sehr lebhafte farbige Wirkung, besonders gut geeignet für die Stofflichkeit von Gegenständen.

△ *Paul Cézanne, Stilleben mit grüner Melone, 1902–1906, Aquarell über Bleistift, 31,5 x 47,5 cm, Privatbesitz.*

◁ *Ausschnitt aus einem Bild von Claude Monet, Nymphéas (Seerosen), 200 x 600 cm, Kunsthaus Zürich (zwischen 1916 und 1922 entstanden)*

In der Primatechnik kommen mehr die Oberflächenreize des Malmaterials zur Geltung. Während in der Lasurtechnik das durch die verschiedenen dünnen Farbschichten reflektierte Licht (das Tiefenlicht) die Farben raum- und lichthaltig erscheinen läßt, erzeugt die Primatechnik (von italienisch alla prima = auf einen Sitz) eine plastische, reliefartige Wirkung durch die ineinandergemalten, pastosen Pinselstriche. Aus den naß in naß oder über trockene Partien gemalten Farbzügen entsteht die Textur der Bildoberfläche, die Materialbeschaffenheit der Farben sowie die Stofflichkeit der abgebildeten Gegenstände. Unter Struktur versteht man dann den Gesamtaufbau des Bildes. Betrachten Sie die vielen Möglichkeiten der Texturbildung an der Landschaft von Christine Kiel (rechts). Das Auf und Ab des Pinselstriches, der dynamische Pinselduktus, das Ineinanderreiben der Farben, die unzähligen Möglichkeiten der Pinselhandhabung: Tupfen, Ziehen, Reiben, Streichen, Wischen, Drehen, Aufschlagen usw. Links sehen Sie eine Aquarellübung in Naß-in-Naß-Technik, auch eine Möglichkeit der Primamalerei.

Und unten können Sie den virtuosen Einsatz des Spachtels in einer Wasserlandschaft von Elisabeth Kalt bewundern! Mit dem Spachtel oder dem Palettmesser erzielen Sie mit einiger Übung sehr schöne Effekte, die Transparenz mit Oberflächenstruktur verbinden!

Kleine Abb. oben: C. D. Friedrich, Riesengebirgslandschaft

Große Abb.: Landschaftsbild von Gitta Klassen

Die impressionistischen Maler haben einen großen Schritt zur Befreiung der Farbe geleistet. Claude Monet, Camille Pissarro, Auguste Renoir und Alfred Sisley haben besonders häufig die Landschaft gemalt und in ein Feuerwerk von Farbe und Licht umgewandelt. Auf ihren Spuren folgten andere Maler, ebenso angezogen von den Schönheiten der Landschaft und begeistert von den neuen Möglichkeiten der Farbgebung. Vincent van Gogh (1853–1890) wählte die Landschaft der Provence, um abgeschieden vom Großstadtbetrieb ganz der Malerei zu leben. Täglich nahm er den Kampf mit den sonnendurchglühten Ebenen, den krassen, grellen Farben, mit seiner Malerei auf. Aus dem Motiv der provenzalischen Landschaft schuf van Gogh Bilder von mitreißender Schönheit. Das Licht wird zur Farbe, zu komplementären Farbkontrasten gesetzt, die in dieser Reinheit bis dahin noch nicht gesehen waren. Das Farbenpaar Gelb-Blau bedeutete für van Gogh die Totalität des Lebens, Rot-Grün hingegen die Leidenschaften des Menschen. In unserem Bildbeispiel hat van Gogh die Ebene von Auvers in hellen, gelben Farbtönen dargestellt, um die Glut der Sonne über der Landschaft zu zeigen. In meiner Malschule sollten nach diesem Bild südliche, heiße Landschaften gemalt werden. Auch der Blau-Gelb-Kontrast war vorgegeben. Aber sehen Sie, wie individuell jede Landschaft ausgefallen ist, und doch jede für sich eine Hommage à van Gogh! Übrigens: alle Grüntöne sollten aus den verwendeten blauen und gelben Farbtönen ermischt werden!

Für van Gogh waren die Farben Blau und Gelb von vorrangiger Bedeutung. In Arles malte er die „Sonnenblumen" in leuchtenden gelben Farbtönen. Gelb steht bei van Gogh zunächst für die Sonne des Südens, für das Licht schlechthin, aber dann auch für Freundschaft und Liebe. Zusammen mit Gauguin wollte er ein „Atelier des Südens", eine neue Malschule unter südlicher Sonne eröffnen. Die Farbsymbolik van Goghs war nicht auf rein farbtheoretische Überlegungen beschränkt. Indem er seine Gegenstände und Motive mit einer Art Aureole umrahmte, gab er ihnen eine neue Würde. Blau stand dagegen für das Dunkle, Unendliche. Beide Farben gelten aber für van Gogh als notwendige Ergänzung: „Kein Blau ohne Gelb! Und wenn du Blau malst, dann male gefälligst auch das Gelb und Orange." Gerade diese beiden Farben, Blau und Gelb, vermitteln am ehesten die Vorstellung von „freier Farbe", also einer Farbe ohne gegenständlichen Bezug, aber versehen mit einem ganz bestimmten Symbolgehalt (Licht und Himmel). „Farbe drückt aus sich selbst heraus etwas aus, davon muß man Gebrauch machen", meinte van Gogh zu diesen symbolischen Zuordnungen, die heute vielleicht als zu subjektiv abgelehnt werden. Überlegen Sie aber einmal, wie wir auf Farben reagieren! Da gibt es neben ganz persönlichen Zustimmungen oder Abneigungen (siehe Farbentest auf S. 13), auch immer wieder große Übereinstimmungen in Zuordnung von Farbe und Eigenschaft. Darin liegt ja eines der größten Geheimnisse der Farben begründet: Farben sind nicht nur schmükkende Oberflächenphänomene, sondern be-deuten uns etwas, auch wenn wir es nicht immer in Worte kleiden können. Die Maler waren jedenfalls zu allen Zeiten davon überzeugt, daß die Farben nicht nur bildnerische Mittel, sondern eine ganz eigene „Sprache" sind. In diesem Buch lernen wir nur das Buchstabieren dieser „Sprache". Das schöpferische Umsetzen, das Formulieren mit der Farbe macht den Maler aus.

△ *Vincent van Gogh, Die Ebene von Auvers, 1890, Öl auf Leinwand, Kunsthistorisches Museum, Wien.*

Skizze in Bleistift, überklebt mit farbigem Transparentpapier

farbige Studie mit Pastellkreiden

farbige Studie in Gouache, Betonung der Farbkomposition, auf Hell-Dunkel und Warm-Kalt angelegt

ausgeführtes Bild in selbstangemischten Dispersionsfarben, verstärkte Kontrastführung, starke Hell-Dunkel-Wirkung und expressiv-rauhe Pinselschrift

alle Bilder von Katja Deinert

Vielleicht haben Sie Lust bekommen, sich auch den Motiven Figur und Porträt zuzuwenden! Auf diesen und den folgenden Seiten sehen Sie einen farbigen Reigen von Figuren und Porträts, die Sie zu eigenen Arbeiten animieren sollen. Schauen Sie sich immer wieder die großen Meister der Malerei an und entdekken Sie eine Stelle im Bild, einen Stilansatz, eine technische Methode, die Sie zur Nachempfindung reizen. Es geht hier nicht um das bloße Kopieren von Meisterleistungen (was ja alleine schon einer Meisterleistung gleichkommen würde). „Nachempfinden" heißt Sehen, Auswählen und Neukomponieren. Nur so erlangen Sie Sicherheit über Ihre Methode und Ihren Stil in Anlehnung an, aber auch in Abgrenzung von den von Ihnen gewählten Vorbildern.
Versuchen Sie das Hauptaugenmerk auf die Farbgebung zu legen, auf den farbigen Bildaufbau und die Gesamtkomposition!
Entdecken Sie durch Ihre eigene kreative Aneignung der Malerei die ganze Fülle der Malstile. Aus dem schöpferischen Nach-Malen werden Sie schließlich Ihre eigene Handschrift herausarbeiten können.

Die Beispiele der Figuren stammen von Birgit Schneider, die hier einen virtuosen Querschnitt von Stilen und Techniken anbietet.

Henri-Matisse

Wie intensiv und ausdrucksstark man selbst ein so konventionelles Thema wie das Porträt mit der Farbe und ihren Wirkungskräften gestalten kann, sehen Sie an den hier gezeigten Beispielen.
Das „Porträt von Mme. Matisse", 1905, (links) ist eines der frühen, typischen Bilder aus der Periode des Fauvismus. Matisse hat hier eine Bildkomposition von unmittelbarer Kraft geschaffen: die starken Komplementärkontraste Grün-Rot verklammern das Bildnis mit dem farbintensiven Hintergrund. „Die grüne Linie", die mitten durch das Porträt geht, gibt dem Gesicht einen archaischen Ausdruck und hebt es zudem reliefartig von dem Hintergrund ab.
Über die Malerei van Goghs wurde in diesem Buch schon viel gesprochen. Hier sehen Sie noch einmal ein beeindruckendes Selbstporträt dieses großen Koloristen und leidenschaftlich kämpfenden Künstlers. Achten Sie darauf, wie die Pinselstriche den Kopf plastisch herausbilden, ohne daß eine Modellierung in Grautönen verwendet werden muß. Der Rhythmus dieser kräftigen Pinselspuren wird vom Hintergrund weitergetragen und legt sich wie eine Aureole um den Kopf des Malers. Auf heftige Kontraste hat van Gogh hier verzichtet, stattdessen nimmt er für den Hintergrund gedämpfte, gebrochene Farbtöne, die den Kopf in den leuchtend-gelben Farben deutlich hervorheben.
Verhalten, meditativ wirkt das Bild von Jawlensky (oben rechts), dessen Stilisierung zu maskenhafter Starre aber die Intensität der reinen Farben unterstreicht. Allein schon aus der Gegenüberstellung dieser intensiven, leuchtenden Farbflächen gewinnt das Bild an Aussagekraft, die uns tief berührt, ohne daß wir das Thema weiter benennen müßten.

Lassen Sie sich von diesen oder anderen Bildern zu eigenen Porträts, auch Selbstporträts, anregen, denen Sie Ihr ganzes Wissen um die „Magie der Farbe" geben können.

Hajo Düchting, ohne Titel, 1985, Collage aus Transparentpapieren auf Karton, Acrylfarben, Pastellstifte, ca. 50 x 80 cm.

Mit farbigen Papieren zu arbeiten macht Spaß und stärkt das Gefühl für farbige Zusammenhänge. Ein großer Meister der Farbe, Henri Matisse, schuf im Alterswerk eine ganze Serie farbiger Papierschnitte. Dazu wurden große Bögen Papier unterschiedlich eingefärbt und anschließend direkt aus diesen Farbpapieren Figuren und Formen ausgeschnitten. Die zusammengeklebten Papierschnitte ergaben teils ornamentale Formen und Musterspiele, zum größeren Teil wurden daraus aber figürliche Szenen bzw. Friese mit Darstellungen aus Flora und Fauna gearbeitet. Aus einigen dieser farbintensiven Arbeiten entstanden sogar Illustrationen für Bücher, z. B. „Jazz" aus dem Jahr 1947. So einfach diese Arbeiten aussehen, so kommt es doch sehr auf die Komposition der Farbflächen zueinander an:
„Manchmal gab es Schwierigkeiten", sagte Matisse, „Linien, Volumen, Farben wurden zusammengestellt, und dann brach das Ganze wieder auseinander. Das eine zerstörte das andere. Es genügt nicht, einfach nur Farben an Farben zu reihen, wie schön das auch sein mag. Die Farben müssen sich aufeinander beziehen, sonst entsteht nur ein großes Chaos..."
Meine eigene Arbeit zeigt eine andere Möglichkeit der farbigen Collage: Aus farbigen Transparentpapieren habe ich große Flächen neben- und übereinandergeklebt, dann z. T. übermalt und mit Pastellstiften bezeichnet. Mich interessierte dabei vor allem die transparente Schichtung der Farben, die Tiefe und Licht erzeugt.
Machen Sie eigene Versuche mit Transparentpapieren, farbigen Kartons, Illustriertenschnipseln, Zeitungsausschnitten und anderem, Ihrer Phantasie überlassenem Material! Sie können auch stoffliche Wirkungen durch Einkleben von Sandpapier, Tapetenresten, Stoffmustern einkalkulieren. Aber achten Sie immer auf die farbige Gesamtwirkung, den Klang des Bildes!
Auf den beiden nächsten Seiten sehen Sie ein weiteres Beispiel für freies Gestalten mit Farbe!

◁ *Henri Matisse, Zulma, 1950, farbiger Papierschnitt, ca. 235 x 132,5 cm, Statens Museum for Kunst, Kopenhagen.*

Linolwalze
Frottage
Aquarellfarben

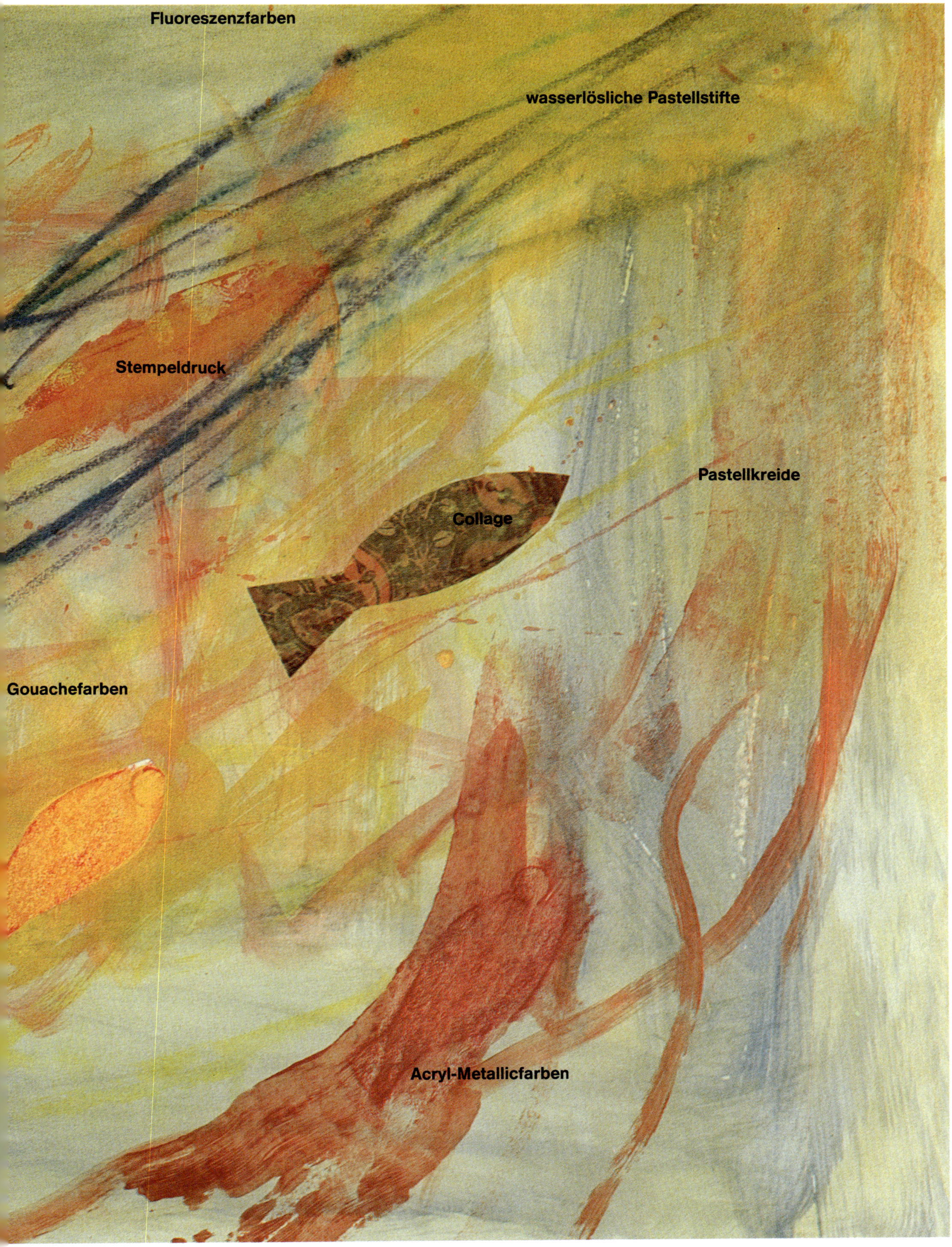
Fluoreszenzfarben
wasserlösliche Pastellstifte
Stempeldruck
Pastellkreide
Collage
Gouachefarben
Acryl-Metallicfarben

1. Erscheinungsweisen der Farbe

Spektralfarben entstehen durch prismatische Zerlegung des Lichts

Körperfarben sind die in der Gegenstandswelt sichtbaren Farben, die aus der Reflexion bzw. Absorption (Schwächung) des Lichts hervorgehen

Malfarben eigens zubereitete Farbstoffe für die Bereiche und Bedürfnisse der Malerei

Bildfarben die im künstlerischen Bereich auftretenden Farben innerhalb eines Bildes

2. Unterscheidungsmerkmale der Bildfarbe

Farbton meint die unterschiedliche Buntart einer Farbe, also Blau im Unterschied zu Gelb z. B.

Helligkeit oder Tonwert Abstufung eines Farbtons nach Dunkel oder Hell durch Abmischung mit Schwarz und Weiß; aber auch die Eigenhelle der Farben

Intensität die spezifische Farbkraft einer reinbunten (also ungemischten) Farbe

3. Zur Mischung der Farben

Primärfarben Grundfarben

Sekundärfarben aus den Primärfarben ermischbare Farbbereiche

Tertiärfarben aus den Sekundärfarben weiter ermischte, gebrochene Farbtöne

Additive Mischung Mischung aus farbigen Lichtern

Subtraktive Mischung Mischung der Malfarben

Optische Mischung im Auge sich einstellende Mischung aus Farbpunkten (z. B. im Rasterdruck)

4. Zur künstlerischen Anwendung der Malfarben

Farbentrias Verwendung aller drei Primärfarben

Farbentotalität harmonischer Ausgleich der Farben durch komplementäre Kontraste und proportionale Farbmengen (nach Goethe)

Farbenharmonie subjektiv bedingte Empfindung einer ausgeglichenen Farbkomposition

Farbperspektive Abstufung der Farben von Warm/Dunkel nach Kalt/Hell zur Erzeugung von Bildtiefe

Farbdynamik kann durch Kontraste entstehen, durch Formfaktoren (Menge, Form und Stellung), durch Pinselduktus sowie durch Eingriffe in die Bildform selbst

Farbkontraste wechselseitig bedingende, steigernde oder neutralisierende Gegensätze der Farben

Farbe an sich stärkster Gegensatz reiner Buntfarben

Hell-Dunkel optischer Grundkontrast

Kalt-Warm empfindungsmäßige Unterscheidung nach „Farbtemperaturen"

Komplementär Steigerung zweier Farben, die auf dem Farbkreis diametral gegenüberliegen, zur höchsten Leuchtkraft; in Mischung löschen sie sich zu Grautönen aus

Simultan optische Überflutung einer Farbe mit der komplementären Gegenfarbe der benachbarten Farbe

Qualität Gegensatz zwischen reinbunten und getrübten Farben

Quantität unterschiedlicher Flächenanteil der Farben

Farbangleichung zunehmende Auflösung der farbigen Gegensätze durch Differenzierung, Brechung oder Modulation der Farben

Farbmodulation schrittweise Ausmischung zwischen zwei beliebigen Farbtönen bzw. Angleichung durch benachbarte Farbtonbereiche

5. Zu Material und Technik

Pigment färbender, fester Bestandteil einer Malfarbe in Pulverform

Bindemittel zähflüssige Stoffe zum Lösen und Binden der Pigmente aneinander und an den Malgrund

Dispersionsfarben Malfarben auf Kunstharzbasis; dazu gehören Acryl- und Vinylfarben; auch Anstrichfarben werden auf der Grundlage von Kunstharzdispersionen hergestellt

Gouache (Guasch) bestehen aus Pigmenten und wäßriger Leimlösung

Aquarellfarben hochfeine Leimfarben aus feinst geriebenen Pigmenten bester Qualität und einer wäßrigen Lösung von Gummiarabicum und Traganth

Lasurtechnik nicht-deckender Auftrag dünner, transparenter Malschichten

Primatechnik deckender Auftrag der Farben und Durchführung des Malvorgangs in einem ersten Durchgang

Flochetage französischer Begriff (sprich: flokta:sch) zur Bezeichnung porös übereinanderliegender, pastoser Farbschichten

Frottage Abreiben von Strukturen

Textur stoffliche Wirkung der im Bild dargestellten Dingwelt; kann sich aber auch auf die Oberflächenwirkung abstrakter Malerei beziehen

Albrecht, Hans-Joachim, Farbe als Sprache. Robert Delaunay - Josef Albers - Richard Paul Lohse, Köln 1974

Badt, Kurt, Die Farbenlehre van Goghs, Köln 1981

Frieling, Heinrich, Das Gesetz der Farbe, Göttingen 1980

Gericke, Lothar/Schöne, Klaus, Das Phänomen Farbe. Zur Geschichte und Theorie ihrer Anwendung, Berlin (Ost) 1973

Gerritsen, Frans, Farbe. Optische Erscheinung - physikalisches Phänomen und künstlerisches Ausdrucksmittel, Ravensburg 1975

Gerritsen, Frans, Entwicklung der Farbenlehre, Göttingen 1984

Gerstner, Karl, Der Geist der Farbe, Stuttgart 1981

Hess, Walter, Das Problem der Farbe in den Selbstzeugnissen der Maler von Cézanne bis Mondrian, Mittenwald 1981

Itten, Johannes, Die Kunst der Farbe (Studienausgabe), Ravensburg 1970

Küppers, Harald, Das Grundgesetz der Farbenlehre, Köln 1978

Loef, Carl, Farbe-Musik-Form. Ihre bedeutenden Zusammenhänge, Göttingen 1974

Matile, Heinz, Die Farbenlehre Philipp Otto Runges, München/Mittenwald 1979

Pawlik, Johannes, Theorie der Farbe, Köln 1969

Pawlik, Johannes, Praxis der Farbe, Köln 1981

Zwimpfer, Moritz, Farbe Licht Sehen Empfinden, Bern und Stuttgart 1985

und das Standardwerk zur Maltechnik: Wehlte, Kurt, Werkstoffe und Techniken der Malerei, vollständige Neubearbeitung, Ravensburg 1986

als Diaserie ist erhältlich: Hamm, Ulrich, Farbe, Vista Point Verlag, Köln 1987, für den methodischen Unterricht an Schulen

Farbtest Auflösung

Violett faßt Rot und Blau in einer neuen Farbe zusammen, in welcher sich beide Farben eigentümlich die Waage halten; deswegen haftet dem Violett etwas Unschlüssiges, Lebensabgewandtes, Melancholisches an.

Grün beruhigende, freundliche Farbe, besitzt in dunklen Farbtönen eine Ruhe, die passiv, fast selbstzufrieden wirken kann (nach Kandinsky); in hellen Farbtönen offener, agiler, reizempfindlicher; Farbe des psychischen Kontakts.

Gelb ist eine aufregende bis aufdringliche Farbe; verweist auf lebhafte Extraversion und Antriebsstärke; andererseits kann sie sich verströmend, äußerlich, ohne Tiefe und Wärme zeigen.

Rot als reiner Farbton eine kraftvolle und warme Farbe (etwa in Zinnoberrot); läßt sich anderen Farben nicht so leicht unterordnen, behauptet sich oft in zielbewußter Kraft; eine Farbe der starken Hinwendung nach Außen.

Blau Vertiefungsfarbe, die von friedlich, ruhig-sanft bis geheimnisvoll-glühend, sehnsüchtig und ernst bis traurig reichen kann; kann Beständigkeit, Hingabe, Ernst, Ruhe und Frieden bedeuten.

Orange eine anregende, heitere Farbe; nach Gelb und Rot die antriebsstärkste Farbe; gibt dem Auge ein Gefühl von Wärme und Wonne; mag auf Freude am Leben, Lust und Genuß hinweisen.

Reinhard Magg, Großes Kreisbild, 1987, Dispersion auf Papier, ca. 1.90 m im Durchmesser.

Einen langen Weg haben wir nun zusammen zurückgelegt! Sie wurden auf ihm begleitet von vielen neuen Entdeckungen und Erlebnissen, vor allem aber von vielen Bildern bekannter und weniger bekannter Maler, Profis und Amateuren (= Liebhabern). Vielleicht hat das Abenteuer Farbe aus Ihnen auch einen wirklichen Liebhaber der Farbe und der Malerei gemacht. Eines sollten Sie noch mitnehmen: Das Abenteuer beginnt *jetzt!* Stellen Sie das Buch nicht in eine dunkle Ecke zu den anderen schlummernden Schätzen Ihrer Bücherei! Legen Sie es ruhig zu sich ins Atelier, in Ihre Arbeitsecke oder wo auch immer Sie Zeit und Muße finden zu malen! Lassen Sie sich von dem einen oder anderen Bild in dem Buch weiter anregen, setzen Sie vorgefundene Motive in Ihre eigene Technik um, verwandeln Sie die trockene Theorie in *Ihre* lebendige Praxis. Nur darin erfüllt sich der Sinn von „Abenteuer Farbe".
Das rote Signal vom Anfang unseres Buches hat sich in ein spannendes Labyrinth von Farben und Formen verwandelt. Die Mäanderform ist ein uraltes Zeichen für Ichfindung, Aufbruch und Reise. Was setzt es in Ihnen an Assoziationen frei?